상위 **1**%가 되는
직장인의 생각법칙

일 잘하는 사람의 9가지 생각법칙

상위 1%가 되는
직장인의 생각법칙

전민아 지음

바이북스
ByBooks

나의 대학시절 꿈은 통역사가 되는 것이었다. 죽어라 어학공부를 했지만 결국 통번역대학원 입학시험을 탈락하고 바로 구직활동을 시작해야 했다. 다행히 몇 달 후 국내 모 대기업의 구매팀에 입사하여 뜻하지 않게 직장생활을 시작했다. 그 당시 20대 신입인 나에게 구매팀을 총괄하시던 50대 상무님은 그저 하늘의 별, 직접 말 걸기조차 어려운 높은 분이었다. 나는 그분을 보면서 어린 마음에 궁금했다. 상무님은 직장생활을 30년 이상 하셨다는데, 어떻게 그렇게 오랫동안 직장생활을 할 수 있을까? 막 회사생활을 시작한 나에게 30년 직장생활이란 그저 막막하고 요원해 보였다. 전혀 오르지 못할 거대한 산 하나가 내 앞에 놓여 있는 것처럼.

이제 나도 막 50대에 접어들었고, 어느덧 25년차 직장인이자 여성 임원으로 10년째 근무하고 있다. 이제 선배들보다는 후배들이 더 많은 나이가 되었고, 질문보다는 대답을 더 많이 해야 하는 나이가 되었다. 나는 지난 10년간 회사 내 다양한 부서에서 일하는 후배들과 맨토링을 해오고 있다. 그들은 일을 잘하려면 어떤 방식으로 일해야 하는지, 회사에서 직장사람들과 잘 지내려면 어떻게 해야 하는지, 일과 가정의 양립에서 어떻게 균형을 맞추어야 할지 등을 나에게 공통적으로 물어왔다. 나는 멘토링을 통해 여러 후배들의 다양한 고민들을 접하면서, 행동을 바꾸기보다는 그들의 생각과 관점을 재정립하면 많은 문제들이 해결될 수 있음을 깨달았다. 바로 생각 한 끗의 차이에 모든 문제에 대한 답이 있었다.

생각은 그 사람이다. 지금 나의 모습은 그동안 내가 생각해온 결과물에 지나지 않는다. 생각은 누구나 할 수 있고, 마음먹기에 따라 생각 한 끗은 언제든지 내 의지로 선택하고 바꿀 수 있다. 생각의 차이는 행동의 차이를 만들고, 행동의 차이는 결과의 차이를 만들어낸다. 지금 하는 내 생각의 차이가 나의 5년, 10년 뒤 회사생활을 크게 바꿀 수 있다면 뜻대로 되지 않는 현재의 일과 상황을 탓하기 전에, 일을 대하는 내 생각을 다시 점검해볼 필요가 있다.

우리는 누구나 직장에서 일 잘하는 사람으로 인정받고 싶어 한다. 내가 지난 25년간 직장에서 만난 일 잘하는 사람들에게는 몇 가지 공통점이 있다. 먼저 그들은 생각과는 달리 단기성과에 크게 연연하지 않는다. 그들은 스스로를 직장인이 아닌 직업인으로, 타인과의 경쟁이 아닌 어제의 나와 경쟁하며, 오늘도 평범하지만 꾸준하고 성실하게 그들의 일에 매진한다. 또한, 그들은 그저 지식을 쌓고 기술을 연마하는 수준에서 벗어나, 일에 대한 태도와 기본기를 다지며 스스로의 역량 강화에 최선을 다한다. 결론적으로 그들을 일 잘하는 프로로 만드는 비결은 학벌이나 인맥, 스킬보다는 그들이 일을 대하는 생각의 차이에서 시작하여, 그 생각을 태도와 행동으로 옮겨 좋은 성과를 창출하는 데 있다.

나는 이 책을 통해 현재도 직장생활을 하고 있는 나의 실제 경험과 사례를 바탕으로 오늘을 살아가는 직장인들의 여러 현실적 고민과 문제들을 조명하면서, 이를 극복할 수 있는 9가지 '생각법칙'을 설명하고자 한다. 어렵고 복잡한 스킬이 아닌 나의 관점과 습관을 바꾸는 생각들을 다룬다. 생각의 차이는 의외로 강력한 힘을 발휘한다. 나는 특히 직장 내 상위 1%를 만드는 '기본의 힘'을 강조하고 싶다. 명확한 목표의식으로 오늘도 꾸준하고 성실하게 일하는 것, 일에 대한 주인의식을 갖고 작은 일에도 최선을 다하며 디테일하게 일하는 것, 신뢰를 바탕으로 직장사람들과 좋은 인간관계를 맺는 것, 지속적인 배움을 통해 나의 가치를 높이는 것 등… 누구나 아는 지극히 평범한 이 기본기들이 10년, 20년 시간의 힘에 보태지면 결국 당신을 회사의 상위 1%로 만든다는 것을, 나는 지난 25년간의 직장생활을 통해 자신 있게 말할 수 있다.

이 책은 누구에게도 들을 수 없는 평범하지만 치열한 직장인들의 고민거리를 실제 사례를 통해 구성해보았다. 특히 각 챕터마다 간략한 실행 팁을 담아 지금 바로 생각법칙을 적용해볼 수 있도록 했다. 이 책은 다음 단계를 위해 오늘도 치열하게 일하는 직장인들에게, 매번 열심히 일해도 상사의 따가운 눈초리로 고민하는 직장인들에게 선사하는 책이다. 기본이 재능을 이기고, 평범함이 비범함을 이기는 진짜 일 잘하는 사람의 생각법칙을 실천하면, 기본에 충실한 작은 변화만으로도 주위의 인정과 찬사를 받을 수 있음을 말하고 있다.

끝으로, 미국 휴스턴대학교의 심리학자인 브레네 브라운의 말로 이 글을 마무리하고자 한다. "언젠가 당신은 당신이 겪은 일을 어떻게 극복했는지 당신의 이야기를 할 것이다. 그리고 당신의 이야기는 다른 사람들의 생존 가이드가 될 것이다One day you will tell your story of how you overcame what you went through and it will be someone else's survival guide." 아무쪼록 나의 평범하고 소소한 직장 이야기가 직장생활에서 여러 문제들로 고민하는 후배들에게 작은 가이드가 되기를 바란다.

생각을 조심하세요.
언젠가 말이 되니까.

말을 조심하세요.
언젠가 행동이 되니까.

행동을 조심하세요.
언젠가 습관이 되니까.

습관을 조심하세요.
언젠가 성격이 되니까.

성격을 조심하세요.
언젠가 운명이 되니까.

마더 테레사

당신의 미래는
일 잘하는 사람의
생각법칙에
달렸다

프로와 아마추어의 차이는
생각 한 끗에서 온다 ─────────

　이른 아침 예정에 없는 사장실 호출, 부랴부랴 업무노트를 챙겨 긴장한 얼굴로 사장실에 들어서니, 이미 몇몇 부서장들이 의아한 표정들로 앉아 있었다. 사장님은 "본사 회장단이 다음 분기에 한국을 방문할 계획입니다. 홍보팀이 주관해서 이번 방문일정 전반을 부서장들과 함께 준비해주세요."라고 말씀하셨다. 이내 모든 부서장들의 시선이 홍보팀장인 나에게 쏠렸다. 나는 상기된 얼굴로 열심히 사장님의 지시사항을 메모한 후 내 자리로 돌아왔다.

　급한 업무를 마무리한 후, 나는 홍보팀의 최 차장과 이 과장을 불렀다. 그들은 여러 업무들을 처리하느라 몹시 분주한 상태였다. 나는 조심스럽게 말문을 열었다. "사장님께서 본사 회장단 방문에 대한 제

상위 1%가 되는
직장인의 생각법칙

안서를 홍보팀에 요청하셨어요. 우리 팀이 준비할 업무들을 대략 생각해보았는데, 같이 의논해볼까요?" 그들은 당혹스러운 표정으로 업무 리스트를 살펴보기 시작했다. 최 차장은 "예, 한번 생각해 보고 말씀드릴게요. 다만 오늘 처리할 일들이 많아 조금 시간을 주세요."라고 답했다. 한편 이 과장은 미팅 내내 무표정한 얼굴로 별말이 없었다. 나는 "이 과장, 뭐 다른 생각이 있으면 알려주세요."라며 그의 의견을 물었다. 이 과장은 머뭇거리며 대답했다. "죄송하지만, 이게 저희 부서 일이 맞나요? 저는 왠지 인사팀 일인 것 같은데요." 두 사람의 대조적인 답변을 들으며, 나는 이미 그들이 가져올 제안서 내용이 어떠할지 그려졌다.

직장생활을 하다 보면 다양한 성향의 사람을 만나게 된다. 비슷한 스펙으로 입사했지만 성향에 따라 업무 스타일이 완전히 다르다 보니, 함께 일할 때도 그 성향을 고려하지 않을 수 없다. 그런데 그 성향이 때때로 일하는 데 긍정적인 영향을 미칠 때도 있고 마이너스 요인으로 작용할 때도 있다. 직장상사라면 누구나 최 차장과 같은 부하직원을 원할 것이다. 그는 매사에 적극적이고 긍정적이며, 일에 대한 책임의식이 강하다. 홍보팀뿐만 아니라 타 부서 사람들과도 잘 지낸다. 그는 깔끔한 일처리와 좋은 태도 덕분에 누구보다 잘 나가는 능력 있는 커리어 우먼으로 성공적인 직장생활을 이어가고 있다.

어릴 때부터 형성된 개인적 성향 자체를 바꾸기란 쉽지 않다. 하지만 그 성향이 성공으로 가는 데 걸림돌이 될 수 있고, 프로의식이 중요한 조직 속에서 마이너스로 작용한다면? 하루아침에 그 성향을 바꾸긴 힘들지만, 적어도 '프로의식'을 장착하고 그것을 실행하기 위한 노력을 해야 할 것이다(물론, 이것은 직장 내에서 '성공하고 싶은' 사람들에게 해당하는 말이다).

우리는 직장생활 내내 "프로답게 일하라."라는 말을 자주 한다. 또한 업무에서 실수를 하면 "프로답지 못하네."라는 비난을 받는다. 그렇다면 과연 프로답게 일하는 것은 무엇을 의미할까? 성향 혹은 개성을 넘어, 내가 지난 25년간 직장생활에서 지켜본 소위 일 잘하는 프로들에게는 대략 5가지 공통점이 있다.

첫째, 일을 맡으면 곧장 몰입한다. 일의 경중을 따지고 일에 대한 이유를 찾는 대신에 긍정적이고 책임감 있는 태도로 바로 일에 몰두한다.

둘째, 모든 일에 앞서 반드시 명확한 목표를 설정하고 도달하는 과정을 반복한다. 어떤 일이든 '어떻게 더 나은 성과를 낼 수 있을까'에만 올인한다.

셋째, 일하다 스스로 부족한 면이 발견되면, 주위에 도움을 청하고 배우기를 주저하지 않는다. 회사는 그들에게 일터이자 삶의 배움터다.

넷째, 회사 사람들과 적을 두지 않는다. 원만한 인간관계와 우호적 태도로 직장 내 누구나 그들과 함께 일하고 싶어 한다.

다섯째, 일도 잘하지만 쉬기도 잘한다. 적절한 휴식과 재충전을 통해 그들은 항상 밝고 활력에 차 있다.

결국 프로와 아마추어의 차이는 학벌, 인맥 등의 스펙에서 오는 게 아니다. 그보다는 일을 대하는 생각의 차이에서 시작해, 그 생각을 태도와 행동으로 옮겨 좋은 성과를 창출하는 데 있다. 나는 또래 동기들에 비해 일찍 임원이 되었다. 비록 훌륭한 학벌도 인맥도 없는 지극히 평범한 직장인이지만, 25년째 내가 회사에서 일해온 방식을 돌이켜보니 결국은 모든 것이 생각 한 끗의 차이에서 출발했다.

실수도 많고 우왕좌왕하던 신입직원 시절, 행사를 앞두고 참석자 명단에 오류가 보인다며, 당시 내 사수였던 과장님이 내일까지 명단을 다시 정리해올 것을 지시하셨다. 500여 명의 참석자들이 보내온 정보와 명단을 일일이 비교 검토해야 하는 단순하고 고된 작업이었다. 순간 '이런 단순 업무는 아르바이트생에게 시켜야 하는 거 아닌가?' 하는 생각이 들었다. 그러나 이내 마음을 고쳐먹고 어떻게든 잘 해내야겠다는 생각을 했다. 하나하나 명단을 확인하고 수정한 부분은 과장님 보시기에 편하도록 표시해두었다. 마지막 엔터키를 치고 시계를 보니 벌써 새벽 2시. 비록 몸은 지치고 힘들었지만 뭔가 해냈다는 자부심과 성취감에 마음은 뿌듯했다. 다음 날 아침 과장님은 깔끔하게 정리된 명단을 보시며 매우 흡족해하셨다. 나는 다른 것은 몰라도 일에 대한 근성만큼은 누구에게도 뒤지지 않으려 노력했다. 결국 지난 25년간 다른 무엇도 아닌 '일을 대하는 나의 생각과 태도의 차이'가 평범한 나를 이 자리까지 데려온 것이다.

생각은 그 사람이다. 지금 나의 모습은 그동안 내가 생각해온 결과물에 지나지 않는다. 생각은 누구나 할 수 있고, 마음먹기에 따라 생각 한 끗을 언제든지 내 의지로 선택하고 바꿀 수 있다. 생각의 차이는 행동의 차이를 만들고, 행동의 차이는 결과의 차이를 만들어낸다. 지금 하는 내 생각의 차이가 나의 5년, 10년 뒤 회사생활을 크게 바꿀 수 있다면 어떨까? 뜻대로 되지 않는 현재의 일과 상황을 탓하기 전에, 일을 대하는 내 생각을 다시 점검해 봐야 하지 않을까?

셰익스피어는 말했다. "본래부터 좋거나 나쁜 일은 없다. 생각이 그렇게 만들 뿐이다."라고. 결국, 모든 문제의 해답은 내가 처한 외부 상황에 있는 것이 아니라, 그 상황을 바라보고 해석하는 나의 내면, 바로 내 생각에 있는 것이다. 이제부터는 무슨 일이 주어지든 '어떻게 하면 이 일을 잘할 수 있을까?'를 가장 먼저 생각하자. 일을 대할 때만큼은 그 일이 크든 작든, 나의 부서 일이든 아니든, 내가 잘하는 것이든 아니든 무조건 적극적으로 진심으로 임해야 한다. 적극적인 사고와 긍정적인 태도가 모든 일을 대하는 출발점이 되어야 한다. 그러한 생각과 태도가 반복될 때야 주위의 인정과 격려가 뒤따르는 것이다.

생각의 차이는 강력한 힘을 발휘한다. 아마추어'를 '프로'로 만드는 비법, 바로 일을 대하는 생각 한 끗에서 시작된다!

 프로를 위한 팁

프로와 아마추어의 차이는 바로 일을 대하는 생각 한 끗에서 나온다.
생각지도 못한 일이 내게 주어진다면 이렇게 생각하기!

❶ "이 일을 해낸다면 분명 배우고 얻는 게 있을 거야."
❷ "어차피 맡게 된 거 제대로, 적극적으로 해보자."

1%가 되면 누리는 것들 ────────

옛날이나 지금이나 직장인들의 목표는 직장 내 상위 1%, 바로 임원이 되는 것이다. 임원을 생각하면 어떤 모습들이 떠오르는가? 높은 연봉과 스톡옵션, 운전사가 딸린 검은색 고급 승용차, 화려한 가구들이 놓인 사무실, 골프장 회원권, 개인 비서 등…. 회사 규모나 산업 분야, 국내 혹은 외국계 기업이냐에 따라 임원이 받는 혜택에는 여러 차이가 있겠지만, 그들이 조직 내 상위 1%로 회사에서 다양한 혜택을 받고 있는 것은 분명하다. 나는 동기들에 비해 일찍 임원이 되었고, 현재 10년째 여성 임원으로 근무 중이다. 그렇다고 내가 위에서 말한 모든 혜택을 다 받고 있겠구나 하는 오해는 하지 마시길. 외국계 기업 임원이 받는 혜택은 국내 대기업 임원이 받는 혜택과는

상위 1%가 되는
직장인의 생각법칙

많은 차이가 있을 테니 말이다. 하지만 내가 회사 내 상위 1%인 임원으로 10년째 일하면서 자신 있게 말할 수 있는 건 '임원은 분명히 될 만한 가치가 있다'라는 점이다.

먼저, 임원이 되면 내가 돈을 쫓지 않아도 어느 정도 경제적인 부를 축적할 수 있다. 연봉과 인센티브도 오를 뿐만 아니라 법인차를 타고 유류비, 통행료 등을 지원받으니 돌아다니며 돈 쓸 일이 확연히 줄어든다. 개인 사무실이 있으니 예전처럼 미팅하려고 여기저기 회의실을 찾아 돌아다닐 필요도 없다. 부하직원들에게 종종 법인카드로 식사나 술을 사주며 인심을 베풀 수도 있다. 하지만 과연 이런 금전적 혜택만이 임원이 되기 위한 목표의 전부일까? 나는 임원이 될 만한 가치는 경제적 혜택보다는 오히려 회사에서 대우받고 인정받는 것, 그리고 이를 통해 자존감과 자신의 가치가 올라간다는 것에 있다고 믿는다.

임원은 모두가 이미 각자의 분야에서 인정받은 일 잘하는 고수들이다. 그들은 회사에서 일 잘하는 사람으로 인정받아 승진하였고 마침내 임원 자리에 오른 것이다. 일을 잘한다는 것은 그만큼 일이 쉬워지는 것을 의미한다. 숙련된 경험과 지식을 통해 예전만큼 일하는 데 있어 불편함이 없다. 회사가 나에게 많은 권한을 주기 때문에, 임원이 되면 내가 원하는 것을 할 수 있는 가능성과 여지가 커진다. 이뿐인가? 임원이 되면 직원들이 계속 나를 찾아온다. 직원들을 코칭

하는 시간이 많아지고, 질문보다는 대답해야 하는 일이 많아진다. 이를 통해 직원들의 존경을 받으며 사내 영향력이 점차 커지게 된다. 물론 많은 책임감이 주어진 만큼 부담감이 큰 것도 사실이다. 일의 프로가 되고 임원이 된다는 것은 그만큼 실수할 수 있는 기회를 잃는 것을 의미하기도 한다. 임원의 실수는 회사에 적잖은 실패를 안겨줄 수 있기 때문이다.

그럼에도 불구하고 임원은 분명히 될 만한 가치가 있다. 우리는 대부분의 시간을 일하는 데 사용하고 있다. 일이 삶이자 삶이 곧 일인 셈이다. 따라서 일에서 진정한 기쁨과 가치를 느끼는 것은 삶의 가치와 바로 연결된다. 나에게 일이란 매일 끝없이 배우고 성장하며 나의 가치를 확인하고 인정받는 것을 의미한다. 회사 내 상위 1%인 임원으로 일한다는 것은 일이 나를 최고로 만들어주는 경험, 그리고 이를 통해 나의 가치와 자존감을 최고로 높여주는 경험을 갖는 것을 의미한다. 일을 잘하는 게 곧 삶의 성공으로 이어지는 것이다. 지극히 평범한 내가 일이 아니었다면 어떻게 이렇게 최고의 경험을 할 수 있겠는가? 따라서 한 번쯤은 임원이 되어 일의 가치이자 삶의 가치, 그리고 스스로 최고의 가치를 경험해보는 것은 정말 좋은 일이다.

이나모리 가즈오는 그의 저서 《어떻게 살아야 하는가》에서, "사람은 일을 통해 비로소 성장해 나간다. 자신의 인격을 수양하고 마음을 풍요롭게 만들기 위해 최선을 다해 일에 몰두하라. 그렇게 하면 인생을 한층 더 훌륭하게 만들어갈 수 있을 것이다."라고 말했다. 우리는 일을 통해 진정한 기쁨과 만족감을 느낄 수 있다. 그리고 이를 위해 인생에서 한 번쯤은 최고를 꿈꾸어보자.

직장 내 상위 1%가 되기 위한 방법은 그리 복잡하고 거창한 스킬이 필요하지 않다. 내가 직장생활에서 경험한 일 잘하는 사람들의 9가지 '생각법칙'을 지키고 노력하면 된다. 누구나 아는 지극히 평범하지만 기본에 충실한 생각법칙을 꾸준히 실행하면, 이 기본기들에 10년, 20년 시간의 힘이 보태져 당신도 마침내 회사의 상위 1%가 될 수 있다.

 프로를 위한 팁

직장 내 상위 1%는 꿈꿀 만한 가치가 있다.
1%가 되면 누리는 것들은 무엇일까?

❶ 금전적 혜택(연봉인상, 사무실, 법인차 등)
❷ 주위의 인정을 통해 자신의 가치와 자존감이 올라가는 것

chapter 3

미래를 위한 종잣돈이 되는
9가지 생각법칙 _____

직장생활에서 소위 잘나가는 '일 잘하는 사람'으로 인정받고 싶다면, 우리는 지금 당장 무엇을 다르게 배우고 실천해야 할까? 내가 일하면서 현장에서 만난 진짜 일 고수들에게는 많은 공통점이 있었다. 나는 이 책을 통해 내 경험을 바탕으로 직장에서 만난 일 잘하는 사람들의 9가지 '생각법칙'을 설명하면서, 일 잘하고 싶은 사람들에게 행동하기에 앞서 먼저 그들의 남다른 '생각법칙'을 이해하고 실천할 것을 강조하고 싶다. 일 고수라면 절대 포기하지 않는 9가지 생각법칙은 다음과 같다.

생각법칙 1. 나는 반드시 모든 일에서 기본을 지킨다.

생각법칙 1은 직장생활을 하는 데 필요한 기본 마음가짐에 관한 내용이다. 회사를 다니며 고민이 들 때 일 잘하는 사람들은 어떤 생각을 하는지, 그들은 어떤 목표와 어떤 마음가짐으로 회사생활을 하는지에 대해 소개한다. 또한 지금 잘나가는 사람조차도 항상 유념해야 할 사항에 대해 설명한다.

생각법칙 2. 나는 반드시 모든 일을 시작할 때 계획을 세운다.

생각법칙 2는 일 잘하는 사람들의 시간 관리 방법에 관한 내용이다. 그들은 하루를 시작할 때 어떻게 업무 계획을 세우는지, 업무의 우선순위를 어떻게 정하는지에 대해 살펴본다.

생각법칙 3. 나의 비장의 무기는 디테일에 있다.

생각법칙 3은 작은 일이 왜 중요한지에 관한 내용이다. 이를 통해 절대 사소한 일도 소홀히 하지 않고 디테일을 놓치지 않는 일 잘하는 사람들만의 필살기를 알아본다.

생각법칙 4. 나는 반드시 짧고 쉽게 말한다.

생각법칙 4는 직장인들의 소통에 관한 내용이다. 일 잘하는 사람들은 항상 짧고 간결하게 말하는 습관이 있다. 또한 그들은 회의에서 자신의 의견과 생각을 적극적으로 피력하여 본인의 존재감을 높이는 데 선수다.

생각법칙 5. 나는 반드시 소통을 위해 신뢰를 형성한다.

생각법칙 5는 직장 내 인간관계에 대한 내용이다. 일 잘하는 사람들이 사내 인맥을 왜 중요하게 생각하는지, 그들은 피할 수 없는 또라이를 만날 때 어떻게 대처하며 다른 사람들이 그들의 상처 주는 말에 어떻게 대응하는지를 살펴본다. 또한 그들이 절대 사회생활에서 적을 만들지 않는 이유에 대해 알아본다.

생각법칙 6. 리더십, 책에서 배우지 말고 현장에서 배워라.

생각법칙 6은 일 잘하는 사람들의 리더십에 관한 내용이다. 진정한 상사가 되기 위해 필요한 능력들은 무엇이며, 상사와 부하직원이 친구가 될 수 없는 이유에 대해 설명한다. 또한 인사평가가 절대 공정할 수 없는 이유를 살펴본다.

생각법칙 7. 나는 편할 때가 더 힘들다.

생각법칙 7은 일 잘하는 사람들이 직장생활에서 어떻게 변화에 대처하는지에 관한 내용이다. 그들이 편안하고 안정적인 직장생활에서 왜 위기감을 느끼는지, 위기에 처할 때 이를 어떻게 성장의 기회로 만드는지를 설명한다. 또한 은밀하고 치밀한 그들의 이직 기술도 조심히 살펴본다.

생각법칙 8. 철저한 자기관리 없이 프로가 될 수 없다.

생각법칙 8은 직장인들의 자기관리에 관한 내용이다. 일 잘하는 사람들은 끝없이 배우고 성장하기 위한 노력을 멈추지 않는다. 그들은 독서를 통해 자신의 실력을 함양하고 매일 성장한다. 또한 직장인들의 영원한 숙제, 현업에서 영어 실력을 높이는 방법에 대해 설명한다. 한편 그들은 일뿐만 아니라 바쁜 일상생활의 속도를 잠시 늦추고 오롯이 혼자 있는 시간의 중요성을 누구보다 잘 알고 있다. 또한 일 잘하는 사람들은 건강한 몸과 건강한 마음의 균형을 맞춰주는 운동을 절대 게을리하지 않는다.

생각법칙 9. 내가 행복하지 않으면 일의 성공은 의미 없다.

생각법칙 9는 일 잘하는 사람들의 건강하고 행복한 삶에 관한 내용이다. 그들은 내 인생이 즐거워야 힘든 직장생활을 견뎌낼 수 있음을 누구보다 잘 알기에, 일에 앞서 스스로의 행복을 찾는 일에 적극적이다. 그리고 아무리 일이 바빠도 가족은 그들에게 항상 1순위다. 그들은 적극적인 스트레스 관리로 직장생활을 오래 유지하기 위해 노력하며, 절대 남과의 비교를 통해 우울함에 빠지지 않기 위해 노력한다.

일 잘하는 사람들의 9가지 생각법칙은 내가 경험한 실제 사례를 토대로 구성되었다. 나는 직장인들 누구나 관점과 습관을 바꾸는 9가지 생각법칙을 꾸준히 이해하고 실천하면 직장 내 성공을 향해

한 걸음 다가갈 수 있다고 확신한다. 지금부터 나와 함께 일 잘하는 사람들이 절대 포기하지 않는 9가지 생각법칙으로의 여행을 떠나 보자.

PART

2

생각법칙 1

나는 반드시
모든 일에서
기본을 지킨다

chapter 4

정말 이렇게까지 하면서
회사를 다녀야 하나?

"잠시 드릴 말씀이 있습니다."

평소 아끼던 여자 후배인 영업부서 김 대리가 이른 아침부터 나를 찾아왔다. 뭔가 심상치 않은 분위기에 나는 그녀를 데리고 회사 근처 카페로 갔다. 자리를 잡자마자 김 대리는 불쑥 "저 회사 그만둬요."라고 말하는 것이다. 생각지도 못한 그녀의 폭탄선언에 나는 순간 할 말을 잃었다. 자초지종을 묻기도 전에 김 대리는 더 이상 말을 잇지 못하고 펑펑 울기 시작했다.

"3살 아들이 요즘 기운이 없어 병원에 갔더니, 의사가 영양실조래요. 아이 봐주시는 아주머니가 밥 해주기 귀찮다고 애한테 바나나만 먹였더라고요. 그런 줄도 모르고 칭얼대는 애한테만 뭐라고 했어요.

저는 엄마라고 불릴 자격도 없어요. 최악이에요!" 그녀는 누구보다 능력 있는 커리어 우먼이었지만, 3살 아들을 둔 엄마이기도 했다. 그런 그녀가 얼마나 깊은 좌절감을 느꼈을지 충분히 이해할 수 있었다. 어떤 말을 해도 도움이 될 것 같지 않기에 나는 그녀의 우는 모습을 한참 동안 지켜보았다. 이야기를 모두 들은 후 "조금만 더 참아보자." 라며 그녀를 위로했지만, 결국 김 대리는 육아에 전념하기 위해 회사를 떠났다.

나라고 왜 그런 때가 없었을까? 나 또한 지난 25년간의 직장생활 동안 김 대리처럼 수없이 회사를 그만두고 싶었다. 어려운 일이 닥칠 때마다 '정말 이렇게까지 하면서 회사를 다녀야 하나?'라는 생각에 밤잠을 설치곤 했다.

나는 지금도 비치타월을 보면 마음 한구석이 저리다. 첫째아이를 출산하고 한 달 후 회사로 복귀해야 하는데, 양가 어른들은 아기를 봐주실 형편이 못되었다. 겨우겨우 아파트 옆 동의 이웃 아주머니를 구했지만, 처음 뵙는 분에게 아기를 맡기려니 불안하고 착잡한 마음에 잠이 오지 않아 결국 뜬눈으로 밤을 새웠다. 출근 당일 아침 일찍 아기를 안고 핸드백과 아기 짐 보따리를 이고 지고 아주머니 아파트에 머뭇머뭇 들어서니, 거실 바닥에 조그만 비치타월이 하나 놓여 있었다. 화려한 아기 이불을 기대하지는 않았지만, 그 낡고 조그만 비치타월에 한 달 된 아기를 눕히는 순간, 나도 모르게 눈물이 핑 돌았다. 서럽기도 했고 막막하기도 했다. 그때가 '정말 이렇게까지 하면서 회사에 다녀야 하나?'의 첫 시작이었다.

하지만 비록 이 같은 생각을 수없이 반복했을지언정, 나는 25년째 직장생활을 지속하고 있다. 물론 가끔 그때 회사를 그만두고 전업주부로 아이 둘을 키웠으면 지금 나의 삶은 어땠을까 하는 상상을 해본다. 힘들어서 회사를 그만두었으면 아마 당장은 행복할 수 있겠지만, 과연 그 이후에도 계속 행복할 수 있을까? 이제 내 이름 석 자는 사라지고 누구누구의 엄마와 아내로만 사는 삶에 내가 과연 만족할 수 있을까? 학창시절부터 나의 커리어를 향해 차곡차곡 준비했던 치열한 시간들, 일에 몰두하며 무언가를 이루었을 때의 깊은 성취감과 만족감, 일을 통해 만난 다양한 사람들…. 월급 등의 생계 문제뿐만 아니라 내가 일을 통해 얻는 소중한 가치들을 과연 포기할 수 있을까? 멈추고 싶을 때마다 떠오르는 이 같은 수많은 생각과 질문들 앞에서 나는 결국 스스로에게 대답했다. "그래, 일단 조금만 더 참아보자!"

"포기하지 말자. 포기하지 말자. 절대 포기하지 말자!"라는 처칠의 짧은 연설을 기억하는가? 회사 후배들이 임원이 되기 위해 무엇을 해야 하는지 물어오면, 나는 "일단 힘든 직장생활 무조건 버텨야 합니다. 죽을힘을 다해서."라고 말한다. 뭔가 특별한 답을 기대했던 후배들은 "뭐예요." 하며 피식 웃는다. 나는 지난 25년간 많은 선후배

동기들, 특히 여성 직장인들이 출산과 육아, 직장 내 갈등을 견디지 못하고 자의 반 타의 반으로 회사를 떠나는 모습을 수없이 보았다. 그리고 내 나이까지 직장생활에서 소위 살아남은 여성 동료들은 이제 손에 꼽힐 정도다.

물론 직장생활 동안 수없이 밀물과 썰물처럼 찾아오는 크고 작은 위기들을 이겨내는 것은 결코 녹록지 않다. 하지만 멈추지 않고 그저 오늘을 꾸준하고 묵묵히 지켜내다 보면, 신기하게도 영원할 것 같았던 그 위기의 순간들은 어떻게든 지나간다. 비록 투박하지만 지극 정성으로 두 아이를 돌봐주시던 이웃 아주머니, 눈 좀 붙이라고 늦은 밤에도 기꺼이 두 아이를 유모차에 태우고 산책 다녀준 남편, 가끔 우렁각시처럼 나타나 집안 청소와 반찬을 챙겨주신 부모님… 이들 덕분에 나는 멈추지 않고 두 자녀를 키우며 우여곡절의 직장생활을 지금까지 이어오고 있다.

이나모리 가즈오는 그의 저서 《왜 일하는가》에서, 무언가 한 가지 일을 시작했다면 그 일을 성공할 때까지 해내는 자세, 그리고 목표를 달성할 때까지 끝없이 도전하는 '지속의 힘'이 성공의 필수조건임을 강조했다. 직장생활은 단거리 경주가 아닌 장거리 마라톤 경주다. 길고 먼 직장생활에서 말단직원으로 입사하여 여성 임원으로 인정받기까지, 핵심은 25년째 멈추지 않고 직장생활을 이어가는 것에 있다. 그렇게 한 분야에서 멈추지 않고 오랜 시간 꾸준히 성실하게 일하다 보면, 어느덧 주위에서 전문가라는 인정이 자연스럽게 따라온다. 대단한 달란트가 아닌, 포기하고 싶은 순간조차도 해야 할 일을 하며 묵묵히 이겨낸 그 하루하루가 그 사람을 빛나게 만들어준다. 지금 직장생활에서 일어나는 여러 갈등과 고민 혹은 출산, 육아 등의 개인적인 문제로 회사로의 발걸음을 멈춰야 할지 고민하는가? 정말 이렇게까지 하면서 회사에 다녀야 하는지 스스로 끝없이 묻고 있는가? 그러면 일단 이렇게 생각해보면 어떨까? '그래, 일단 오늘은 버텨보자!'

미래는 아무도 알 수 없다. 비록 지금은 힘들어도 순간순간을 이겨내는 작은 힘으로 오늘을 지켜내면, 그 힘이 다시 다른 동력이 되어 내일을 버티게 해준다. 잊지 말자. 오늘의 평범한 일상이 특별해지는 것은, 바로 '멈추지 않고 꾸준히 일하는 수많은 오늘'에 있었다는 사실을.

 프로를 위한 팁

'정말 이렇게까지 하면서 회사에 다녀야 하나?'라는 고민이 들 때 이렇게 생각하기

❶ '일단 오늘은 넘기자. 조금만 더, 하루만 더 참아보자.'
❷ '직장생활은 단거리 경주가 아니라 마라톤 경주다. 멈추지 않고 꾸준히 일하는 하루하루가 쌓여 결승점에 도달하게 한다.'

chapter 5

승진만이 목표이면
안 되는 이유 ─────────

영업부 김 상무가 승진 1년 만에 부사장으로 승진한다는 소식을 들었다. 본사의 전폭적인 신뢰를 받는다는 말을 듣긴 했지만, 김 상무 입사동기들은 아직 부장도 많은데 다시 부사장 승진이라니…. 그의 빠른 승진이 달갑지 않은 이유는 그가 유능하고 일 잘해서 승진되었다기보다는 윗사람에 대한 아부와 사내정치 때문이라는 것은 누구나 아는 공공연한 비밀이었기 때문이다. 특히 그는 부장 시절부터 본사에서 방문하는 외국인 임원을 왕처럼 모시는 것으로 유명했다. 방한 일정이 정해지면 김 상무는 하던 일을 모두 던져버리고, 오직 외국인 임원의 의전에만 신경 썼다고 한다. 아침부터 저녁까지 임원이 가는 곳, 먹는 곳, 이동하는 곳, 만나는 사람들까지, 이 모든 것을 세심하게 챙겨주니 외국인 임원이 이를 안 반길 리 없다. 심지어 주말에는 시내관광과 쇼핑까지 함께 다녔다고 하니, 그를 보면 아부에는 국적이 없다는 사실을 새삼 깨닫는다.

임원 승진만을 인생 최대의 목표로 일하는 사람들이 있다. 목표 의식을 갖고 일하는 것은 중요하다. 하지만 그 방법이 문제다. 승진만이 목표인 사람들은 승진을 위해서라면 어떤 일도 마다하지 않는다. 일에 집중하기보다는 사내정치에 온갖 신경을 곤두세우고, 윗사람 비위 맞추는 일에 급급하다. 그들은 사내에서 잘나가는 사람들과 점심, 저녁 자리를 마련하기 위해 사활을 건다. 그뿐이랴. 승진을 위해서라면 동료와 부하직원을 찍어 누르는 일도 서슴지 않는다.

하지만 나는 그들의 그런 모습이 달갑지 않다. 설령 모든 수단을 동원해서 남들보다 빠른 승진을 하고 임원이 되었다 치자. 그럼 다음 목표는 무엇이란 말인가? 그리고 보지 않는 것 같아도 남들은 다 안다. 부하직원들은 실력이 아닌 아부와 정치로 승진한 상사를 절대 존경하지 않는다. 또한 일에 대한 실력이 부족하기 때문에 그 자리를 오래 버티기도 어렵다.

우리는 과연 무엇을 위해 일하는가? 돈 때문에? 맞는 말이다. 우리는 돈 벌기 위해 직장을 다닌다. 하지만 내가 현장에서 보고 경험한 진짜 일 고수들은 돈보다는 일하는 데 진심인 경우가 대부분이다.

그들은 일을 잘하면 돈과 승진은 저절로 따라온다고 한 목소리로 말한다. 직장생활의 목표는 승진이나 연봉 인상이 아닌 내 분야의 전문가, 바로 일의 프로가 되어야 한다. 직장이라는 현장은 나를 전문가로 성장시키는 가장 훌륭한 학교다. 내 분야의 지식과 기술을 끝없이 연마하고, 직장사람들과 함께 현장에서 다양한 실무 경험을 익혀라. 내 실력을 키워 주위로부터 일 잘하는 전문가로 인정받으면서 한 단계씩 앞으로 나아가라. 직장생활에서 일 잘하는 사람으로 인정받고 그 자리를 오랫동안 유지하기 위해서는 실력과 경험을 쌓는 것을 가장 우선시해야 한다.

30대 초반 나는 우연히 읽던 책에서 내가 미래에 되고 싶은 모습을 쪽지에 적어 지갑에 넣고 다니면 목표를 빨리 이룰 수 있다는 문구를 발견했다. 조금은 황당한 말일 수 있다(참고로 나는 지금까지 살면서 점이나 타로 등을 한 번도 본 적이 없다). 하지만 그 당시 뭐에 홀렸는지 나는 책을 읽자마자 쪽지에 10년 후 내가 되고 싶은 모습을 하나씩 적어 나갔다. 나의 첫 목표는 임원 승진이나 연봉이 아닌 외국계 기업의 홍보 전문가가 되는 것이었다. 매일 영어로 일할 수 있는 외국계 기업을 계속 다니고 싶었고, 홍보 업무의 달인이 되고 싶었다. 그러다 40대 초반 한동안 잊고 있었던 그 꼬깃꼬깃한 쪽지를 지갑에서 우연히 꺼내 들었을 때, 나는 벅찬 감동을 느꼈다. 그 쪽지에 적힌 그 모습대로 외국계 기업에서 일하며 주변사람들에게 홍보 전문가로 인정받고 있는 내 모습을 발견했기 때문이다.

제75회 칸 국제영화제에서 남우주연상을 받은 배우 송강호는 인터뷰에서, "영화제 출품이나 상을 받기 위해 연기하는 사람은 없다. 영화라는 작업은 정말 관객들과 소통이 가장 중요한 작업이다. 좋은 작품으로 관객과 소통하는 것이 유일한 목표다. 영광스럽지만 상이 목표가 될 수 없다. 배우로서 영광스럽지만, 앞으로도 그 이전과 이후가 달라질 건 없다."고 말했다. 일의 고수만이 말할 수 있는 답변이다. 이는 직장인인 우리들이 반면교사로 삼아야 할 말이기도 하다. 절대 승진과 돈만을 좇지 말자. 그보다는 일을 배우고 실력 쌓는 것을 유일한 목표로 삼아라. 일 고수가 되는 것이 가장 빨리 출세할 수 있는 지름길이다. 돈과 승진은 전문가가 되기 위해 내가 흘린 땀과 노력에 대한 선물인 것이다.

 프로를 위한 팁

일 잘하는 사람이 되기 위한 첫 번째 목표 세우기

❶ 직장생활의 목표는 승진이나 연봉 인상이 아닌 내가 맡은 분야의 전문가, 바로 프로가 되는 것이다.

❷ 일 잘하는 사람으로 인정받기 위해서는 실력과 경험을 쌓는 것을 가장 우선시해야 한다.

❸ 일 고수가 되는 것이 가장 빨리 출세할 수 있는 지름길이다.

chapter **6**

직장인이 아닌
직업인의 마음으로 일하기 ────

"월급이 더 나오는 것도 아닌데 뭐 하러 열심히 일해? 아무도 알
아주지 않는데 말이야."

"월급쟁이가 뭐 별 수 있어? 사무실에서 시간이나 때우면서 대충
일하다 바로 퇴근하는 게 최고지."

어느 날 사무실 가는 길에 젊은 직장인 서너 명이 담배를 피우며
하는 대화를 우연히 들었다. 나는 속으로 '아이고, 저 회사 사장은 직
원들이 저런 얘기하는 거 알면 통곡을 하겠구먼.'이라며 안타까움
을 금치 못했다. 한편 의아하기도 했다. '일하는 게 한창 재미있을 나
이인데, 왜 회사에서 열심히 일하는 걸 손해 본다고 생각하는 걸까?'

하긴 생각해보니 저런 부류(?)의 직장인들은 어느 회사나 꼭 있다. 무슨 일이든 간에 일단 불평부터 하는 직원, 일을 시키면 이것이 내 일인가부터 묻는 직원, 회사는 노동의 대가로 월급을 받는 그 이상도 이하도 아닌 곳이라고 말하고 다니는 직원, 퇴근 시간만 목이 빠져라 기다리는 직원 등…. 하지만 아는가? 그런 직원들치고 회사에서 인정받고 잘나가는 경우는 거의 못 봤다.

　직장을 돈 버는 곳으로만 생각하는 마인드로는 지금과 같이 급변하는 무한경쟁 시대에서 더 이상 살아남을 수 없다. 지금은 직장인이 아닌 직업인의 마인드를 가지는 것, 이것이 바로 일 잘하는 사람들의 기본 마인드다. 직장과 직업은 엄연히 다르다. 직장은 우리가 매일 출근하며 일하는 장소, 바로 일터다. 반면 직업은 자신이 가진 전문 지식과 기술로 결과물을 만들어 돈을 버는 것, 바로 일이다. 독일어로 직업을 '부르다'의 명사형인 'Beruf'라고 하는데, 이는 소명의식으로 많이 해석된다. 즉, 직업인이 되는 것은 소명의식을 기반으로 일의 의미와 목적을 이해하고, 주어진 일에 최선을 다하는 것을 말한다. 일을 그저 지시받고 처리해야 하는 힘들고 고통스러운 노동으로 생각하기보다는, 일을 새로운 것을 배우고 경험하는 성장의 장으로 인식하는 생각이 필요하다.
　변화경영 전문가인 구본형은 "직장인이 아니라 직업인의 마인드를 가지고 스스로를 고용한다는 관점으로 일한다면, 어떤 직장에서

든 무슨 일을 하든 즐겁게 일하면서 성장의 기회를 가지게 될 것이다."고 말하며, 직장인이 스스로를 1인 기업가로 생각하며 일할 것을 강조했다. 회사의 경쟁력은 조직에서 일하는 사람들의 전문성과 경쟁력의 총합에서 나온다. 개인의 경쟁력은 좋은 회사를 다닌다고 저절로 만들어지지 않는다. 스스로를 그저 조직에 몸담은 사람이 아니라 1인 기업가로 인식하고, 이를 위해 나만의 전문 지식과 필살기를 찾아야 한다. 오로지 실력과 경험만이 모든 것을 말해준다.

더 나아가 자신을 하나의 브랜드라 생각하고 본인의 퍼스널 브랜딩 관리에도 신경을 쓰도록 하자. 누구나 회사에서 아무개 하면 떠오르는 이미지가 있을 것이다. 그것이 바로 그 사람의 퍼스널 브랜딩이다. 내 이름을 말했을 때, "그 사람 ○○ 분야에서는 전문가야. 그 사람하고 일하면 항상 든든하고 믿음직하지."라는 말을 들을 수 있어야 한다. 이를 위해서 본인 분야에 대한 실력과 전문성뿐만 아니라, 내가 누구인지 어떤 일을 하는 사람인지를 끝없이 보여주어야 한다. 내가 전문가라는 것을 직접 떠들고 다니라는 말이 아니라, 함께 일하며 그들이 나의 전문성을 경험할 수 있도록 해야 한다. 아무리 내가 뛰어난 전문가라 하더라도 나의 진가를 체험시키지 않으면 아무도 모른다. 작은 일이라도 꼼꼼하고 디테일하게 챙기는 모습, 항상 마감시간을 철두철미하게 지키는 모습, 동료들을 살뜰히 챙기는 모습 등 나의 전문성을 체험시킬 수 있는 방법은 다양하다. 퍼스널 브랜딩은 회사 안팎으로 나에 대한 사회적 신뢰를 쌓아가는 과정이자, 다른 사람의 결정과 태도에 영향을 미치는 든든한 힘이 된다.

아직도 받는 월급은 똑같은데 굳이 열심히 일할 필요가 있다고 생각하는가? 아직도 '열심히 일한다고 누가 알아줘?' 프레임에 갇혀 있는가? 하지만 내가 열심히 일하는 거, 하늘이 알고 땅이 알아준다. 그리고 가장 중요한 사실, 당신이 어떻게 일하고 있는지 상사는 알고 있다. 일에 대한 진정성은 누구에게나 통하기 마련이다. 이제는 직장인이 아닌, 직업인의 마인드로, 피고용인이 아닌 스스로를 고용한 1인 기업가로 생각을 전환해보자. 더 나아가 나만의 퍼스널 브랜딩을 만들어 스스로를 잘 나가는 브랜드로 만들어보는 것이다. 이것이 바로 일 잘하는 사람의 일에 대한 생각이자, 일하는 방식이다.

 프로를 위한 팁

열심히 일하는 게 손해라고? 절대 아니다!
❶ 직장인이 아니라 직업인의 마인드를 가지고 일하기
❷ 나만의 전문 지식과 필살기를 찾아보기
❸ 나 자신을 하나의 브랜드로 만들어가기

chapter **7**

잘 나가는 사람도
한 방에 훅 갈 수 있다 —————————

"요즘 박 전무님은 잘 지내셔?"

옛 직장동료들을 만나 이런저런 얘기를 주고받다가, 영업부 박
전무의 근황이 궁금해졌다. 영업부 박 전무는 당시 소위 회사 내 2인
자로 알려진 임원이었다. 지난 수년간 최고의 실적을 달성한 입지적
인 인물로, 그 공로를 인정받아 이사에서 전무로 2단계 특진을 했다.
그는 매사 언제나 거침이 없었고, 그의 카리스마와 추진력에 모두가
압도될 정도였다. 퇴직 인사차 그의 집무실에 들른 날, 특유의 호탕
한 목소리로 "언제든지 힘들면 다시 돌아와. 내가 받아줄게."라고 말
하던 그의 자신만만한 말투가 아직도 눈에 선했다. 아마도 지금은 부
사장으로 승진되었으려니 생각했는데, 놀랍게도 동료들은 "그분 몇

달 전 그만두셨어. 팀원하고 문제가 생겨서 징계 먹었잖아."라고 말하는 게 아닌가?

자초지종을 들어보니, 박 전무의 사무실 폭언을 견디다 못한 팀원 몇 명이 인사부에 면담을 신청했고, 진상조사를 통해 팀원들에 대한 그의 언어폭력이 장기간 지속된 것이 확인되었다고 한다. 그의 모욕적인 언행에 시달리던 팀원 한 명은 우울증 진단을 받고 현재 병가 중에 있다고 한다. 박 전무는 실적 달성을 위해 팀원들을 강하게 밀어붙일 수밖에 없었다고 항변했지만, 결국 직장 내 괴롭힘이 인정되어 그는 회사를 떠나야 했다. 사람 일은 한 치 앞도 알 수 없다지만, 성장가도를 달리던 그의 빠른 몰락에 씁쓸함을 감출 수 없었다.

우리는 어린 시절 항상 바르게 살라는 말을 많이 들었다. 하지만 어른이 되면서부터 무한경쟁에서 살아남기 위해 오로지 실력과 스펙 쌓는 데만 급급했지, 바르게 사는 것을 그리 고민하지 않는다. 오히려 직장생활에서 너무 바르게 행동하면 빨리 출세하지 못한다고 생각하는 사람도 꽤 많다. 그러나 놀랍게도 최근 기업 CEO들을 대상으로 한 설문조사에서 최고경영자들은 직장인들에게 가장 중요한 인성으로 '도덕성'을 꼽았다. 왜 그럴까? 바로 자신의 우월한 위치를 이용해 아랫사람을 괴롭히는 비도덕적인 행위를 일삼거나, 혹은 순간의 유혹을 물리치지 못하고 회삿돈에 손을 대는 직장인들이 존재하기 때문이다.

그들은 회사 내 분위기를 망가뜨려 조직을 피폐하게 만들고, 심지어 회사에 막대한 경제적, 사회적 손실을 주기도 한다. 직장생활의 성공을 위해 실력을 쌓고 전문성을 갖추는 것도 중요하지만, 말과 행동에 도덕적으로 문제가 없는지 매사 점검하는 것 또한 매우 중요하다. 아무리 실력이 뛰어나고 높은 성과를 발휘하여도, 한 번 도덕성에 발목이 잡히면 리더로 성장하기는커녕 직장에서 살아남기도 어렵기 때문이다.

나는 25년째 직장생활을 하면서 여러 동료들이 도덕성 문제로 회사를 떠나는 것을 지켜봤다. 그들도 그 자리에 오르기까지 피나는 노력을 했을 것이다. 그러나 그들이 순간의 방심이나 이 정도면 괜찮겠지 하는 안일함에 힘겹게 쌓아온 공든 탑을 하루아침에 무너뜨리는 모습을 보면 안타까움을 금할 수 없었다. 직장인들이 비도덕적인 행동으로 회사를 떠나는 데에는 다양한 이유가 있겠지만, 내가 현업에서 지켜본 바에 의하면 그들은 주로 2가지 유형의 잘못된 행동 때문에 회사를 떠난다. 첫째, 성희롱, 언어폭력 등의 직장 내 갑질과 둘째, 회삿돈을 잘못 사용했을 때다.

먼저 직장생활에서는 지위고하를 막론하고 항상 말과 행동을 조심해야 한다. 만약 본인이 직장에서 상사나 동료 또는 후배들에게 이런 말을 듣는다면 어떤 기분이 드는가?

"여직원들은 치마를 입어야 예쁘지, 안 그래?"

"오늘 회식할 때 김 대리는 상무님 옆에 앉아서 술 좀 따라드려."

"과장님, 요즘 좀 살이 붙으셨네요."

"이렇게 일할 거면 그냥 때려치우고 장사나 해."

내가 첫 직장생활을 하던 1990년대에는 직장에서 저런 말들이 오가는 건 다반사였다. 부하직원을 가르친다는 명분하에 폭언과 인신공격은 흔한 일이었고, 여직원이라는 이유로 아침마다 부서 사람들에게 커피를 타야 했으며, 회식 자리에서 가벼운 신체 접촉이나 성적 농담은 그냥 취기에 또는 웃자고 하는 말 정도로 쉽게 넘어가는 분위기였다. 하지만 지금은 세상이 변했다. 만약 당신이 직장에서 동료나 후배들에게 저런 말을 했다면 며칠 후 조용히 인사팀에서 호출이 올 것이고, 당신은 바로 컴플라이언스나 인사팀의 조사를 받은 후에 감봉, 사직 등의 인사적 책임을 져야 할 것이다. 직장 내 성희롱, 언어폭력, 모욕적인 인신공격 등은 이제 직장 내 괴롭힘으로 법적인 처벌을 받는 명백한 범법 행위이기 때문이다.

한 번 뱉은 말은 주워 담을 수 없다. 특히 당신에게 부하직원이 있다면 그들에게 하는 말과 행동에 있어 더욱 신중함을 기해야 한다. 그들보다 단지 경험이 많다는 이유로 함부로 그들을 무시하거나 막말을 해서는 안 된다. 내가 존경하는 사장님 한 분은 직장 내 누구에게도 절대 반말을 쓰지 않으셨다. 부하직원들에게 경어를 쓰는 것만으로도 말실수를 줄일 수 있다는 것이 그분의 신조였고, 그는 60이

넘은 나이에도 불구하고 지금도 현역에서 성공적인 경영인으로 승승장구하고 있다.

다음으로, 소위 잘나갈 때일수록 회삿돈을 사용할 때 매사에 신중해야 한다. 보통 회사에 입사하면 업무용으로 사용할 수 있는 법인카드를 준다. 법인카드로 점심도 사 먹고 직장동료들과 회식도 한다. 회사가 정한 룰 안에서 공적인 업무로 법인카드를 사용하는 것은 전혀 문제가 없다. 다만 명심해야 할 사실은 법인카드는 절대 내 개인카드가 아니라는 것이다. 내 돈 몇 푼 아끼려고 법인카드를 개인 용도로 사용하면 큰 문제가 생긴다. 내가 아는 영업팀 차장은 주말마다 고객 접대를 한다며 법인카드를 사용했다. 큰 금액도 아니었다고 한다. 하지만 이를 수상히 여긴 재무팀 직원이 그의 직속 상사에게 이 사실을 알렸고, 추궁 끝에 그가 가족식사나 지인과의 모임 등 개인적인 용도로 법인카드를 사용한 것이 확인되었다. 그는 회사에 시말서를 제출했고 이로 인해 승진에서도 배제되는 등 인사적 불이익을 겪고 말았다. 소탐대실이 아닐 수 없다.

회삿돈은 절대 내 돈이 아니다. 혹시라도 회삿돈을 쓰기 전에 '이 정도는 괜찮겠지?' 혹은 '이래도 될까?' 하는 의문이 들면, 아예 쓰려는 시도조차 하지 말아라. 바늘도둑이 소도둑 된다는 속담처럼 회삿돈을 다루는 데 있어 비도덕적인 행동은 아무리 작고 소소해도 절대 하지 말아야 한다. 처음 잘못된 행동을 이 정도면 괜찮겠지 하면서 그냥 묵인해버리면 다음에는 점점 더 과감한 행동을 하게 되고, 언젠가는 나도 모르게 파멸의 나락으로 떨어지게 된다.

직장생활에서 이런 사소한 말 한마디 또는 살짝 도덕적으로 어긋나는 작은 실수를 대수롭지 않게 생각하며 넘어가기 마련이다. 하지만 일 잘하는 사람들은 이런 부분에서조차 아주 철저하다. 그들은 일하면서 스스로 하는 말이나 행동에 지나침은 없는지 또는 도덕적으로 문제가 없는지를 항상 점검하고 경계한다. 그들은 작은 도덕적인 실수 하나가 그동안 힘들게 쌓아온 경력을 한 방에 무너뜨릴 수 있다는 사실을 누구보다 잘 알기에, 절대 작은 일에서조차 도덕적 실수를 하지 않기 위해 세심한 주의를 기울인다.

벤저민 프랭클린은 "좋은 평판을 위해서는 숱한 선행이 필요하다. 하지만 이를 망치는 데는 실수 하나면 족하다."고 말했다. 우리는 치열한 노력과 준비 끝에 회사에 입사했다. 그리고 열심히 일하면서 경력을 만들어간다. 따라서 힘들게 쌓아온 자신의 경력을, 한순간의 경솔함이나 잠시 망각한 도덕성으로 하루아침에 무너뜨리는 경솔한 짓은 절대 하지 말아야 한다. 한번 추락한 신뢰는 결코 회복할 수 없다. 하나의 불미스러운 사건으로 저 사람은 정직하지 못하다는 꼬리표가 붙으면, 아무리 잘난 사람도 버텨낼 재간이 없다. 앞에서는 아무 말도 안 하지만 뒤에서 수군대는 동료들의 차가운 시선을 누가 견딜 수 있겠는가?

일 잘하는 사람이 되기 위해서는 본인의 실력뿐만 아니라 반드시 도덕성도 함께 부단히 길러야 한다. 지위고하를 막론하고 언제나 자신의 말과 행동에 신중을 기하고, 회삿돈을 쓸 때는 금액에 상관없이 언제나 공적인 업무로만 사용해야 한다. 만약 일하다 '이 정도는 괜찮겠지?' 하는 생각이 든다면 바로 멈춰라. 스스로의 행동에 확신이 없으면 반드시 문제가 생기기 마련이다.

 프로를 위한 팁

이런 생각이 당신의 커리어를 망친다.

❶ '가깝고 편한 사이인데 이 정도 표현은 이해해주겠지.'
❷ '회삿돈으로 이 정도는 계산해도 괜찮을 거야.'

생각법칙 2

나는 반드시
모든 일을 시작할 때
계획을 세운다

chapter 8

칼퇴는
내가 하기 나름이다 ————

    독일 발령을 받아 3년간 근무하다 최근 한국에 돌아온 팀장님 한 분과 식사를 하게 되었다. 독일에서 일하면서 어떤 점이 가장 인상 깊었는지 물으니, 그는 주저 없이 칼퇴를 손꼽았다. 그는 한국에서 일할 때 칼퇴라는 것은 상상도 못 했다고 한다. 팀 모두가 야근을 당연시하는 분위기였고, 칼퇴하는 직원은 일이 없거나 일을 안 하는 사람으로 생각했다고 한다. 저녁 늦게까지 일하는 게 일상화되었던 그가 독일 본사로 발령받아 여느 때처럼 사무실에서 저녁 늦게까지 혼자서 일을 했다고 한다. 물론 다른 독일 동료들은 퇴근 시간이 되면 누구나 예외 없이 하던 일을 그만두고 굿바이를 외치며 사무실을 나섰다고 한다. 그렇게 며칠을 늦게까지 일하던 그에게 어느 날 독일 동료 한 명이 심각한 얼굴로 면담을 요청했다고 한다. 그는 바로 회사 노동조합 간부 중 한 명이었다. 그는 팀장에게 이렇게 늦게까지 사무실에서 일하는 이유가 뭐냐며, 이는 노동법에 위배가 되므로 무조건 정해진 시간에 맞춰 퇴근할 것을 경고했다고 한다. 한국에서는 칼퇴를 하면 쳐다보는 분위기이지만, 독일에서는 오히려 칼퇴를 안하는 사람을 쳐다보는 분위기였던 것이다.

그 일을 계기로 그 팀장은 근무 시간에 맞춰 일하는 것을 철칙으로 하다 보니, 주어진 시간 내에 어떻게 하면 업무의 효율성을 높일 수 있을지를 가장 고민하게 되었다고 한다. 그는 제한된 시간 내에 업무를 마쳐야 하니 업무에 대한 몰입도도 높아졌고, 불필요한 일에 시간을 낭비하지 않도록 보다 철저하게 시간 관리를 하게 되었다고 한다. 또한 퇴근 후에 예전보다 가족들과 더 많은 시간을 보낼 수 있고, 본인이 평소 하고 싶은 취미활동이나 자기계발에도 시간을 낼 수 있어 삶에 대한 만족도가 높아졌다는 말도 덧붙였다. 그는 쉽지는 않겠지만 한국에 돌아와서도 칼퇴를 원칙으로 일할 것이라고 자신만만하게 말했다.

예전에는 늦게까지 사무실에 남아 밤새도록 일하는 게 일 잘하는 사람들의 정석이자 회사나 상사에 대한 충성도의 표시였다. 하지만 지금도 과연 그럴까? 물론 급박한 고객 요청사항을 처리하거나 기한이 임박한 프로젝트를 처리하기 위해 어쩔 수 없이 늦게까지 일하는 경우는 있을 수 있다. 하지만 내가 경험한 대부분의 일 잘하는 사람들은 평소에는 퇴근 시간에 맞춰 업무를 마무리하고 퇴근 후 시간을 알차게 보내기 위해 사무실을 나섰다. 그들은 업무 시간에는 최선을 다해 업무에 집중하고, 퇴근 후에는 가족, 지인들과 시간을 함께 보내거나 자기계발이나 취미생활을 하면서 제대로 쉬는 일에도 진심을 다한다. 일도 잘하지만 쉬기도 잘하는 게 요즘 일 잘하는 사람의 정석이다.

결국 칼퇴는 업무 시간을 어떻게 효율적으로 사용하느냐의 문제다. 칼퇴를 하려면 모두에게 똑같이 주어진 근무 시간을 어떻게 잘 활용할 수 있을지를 가장 먼저 고민해야 한다. 무엇보다 본인의 현재 일하는 방식을 점검하여, 최대한 업무의 효율성과 생산성을 높일 수 있는 방법을 모색해야 한다. 특히 사람마다 일하는 방식이 다르기 때문에, 자신에게 적합한 방법을 찾는 것이 필요하다. 나도 저녁에 본사와 콜이 있거나 급한 프로젝트가 있는 경우를 제외하면 대부분 칼퇴를 한다. 다만 내가 칼퇴를 위해 항상 명심하는 일하는 원칙 몇 가지를 소개하고자 한다.

먼저, 칼퇴를 위해서는 업무 계획을 잘 세워야 한다. 일에 대한 계획을 잘 세우면 효율적인 시간 관리가 가능해져 더욱 많은 일을 할 수 있다. 출근하면 가장 먼저 오늘 해야 할 일에 대한 계획을 세우는 것으로 하루를 시작해야 한다. 또한 업무 계획은 최대한 할 일들을 잘게 쪼개서 명확하고 구체적으로 정해야 한다. 예를 들어 상사가 지시한 보고서가 있다면 오늘 할 일로 '보고서 완성하기'보다는 '보고서 전체 몇 장 중에 오늘 몇 장 완성하기' 등으로 해야 할 일을 최대한 잘게 쪼개서 구체적인 실행 계획을 세워야 한다. 무엇보다 계획한 업무를 주어진 시간에 모두 끝내는 것이 중요하다. 오늘 해야 할 일들을 하나씩 처리하면서, 퇴근 전에 계획한 모든 일을 마무리 해야 한다.

둘째, 본인이 가장 집중이 잘 되는 시간대를 파악해서 해당 시간에는 무조건 업무에만 집중해야 한다. 나의 경우 오전 10~12시, 혹은 오후 4~6시가 가장 업무 집중도가 높은 시간대다. 그래서 가급적 이 시간에는 미팅이나 외근 일정을 잡지 않고 최대한 집중도가 높은 업무 위주로 계획을 잡는다. 본인이 어떤 시간대에 집중도가 높은지를 파악하여 그 시간대에는 최대한 업무에 집중할 수 있는 여건을 마련하는 것이 좋다. 가능하다면 상사나 주위동료들에게 이 시간대에 집중하고 있는 업무가 있다고 미리 얘기를 해두거나, 메신저에 다른 동료들이 말을 걸지 않도록 별도 표시를 해두는 것도 좋은 방법이다. 반면에 집중도가 떨어지는 시간대에는 미팅을 하거나 단순 업무 위주로 계획을 잡아 업무 시간을 보다 알차게 사용할 수 있다.

셋째, 한꺼번에 너무 많은 일을 처리하려 하지 말고, 우선순위에 따라 일 처리하는 것을 습관으로 만들어야 한다. 하루를 시작할 때는 항상 업무의 우선순위를 정하고, 업무의 중요도와 기한이 정해진 일부터 하는 것이 중요하다. 내가 할 일을 무작위적으로 또는 생각나는 대로 처리하지 말아야 한다. 반드시 일하기 전에 중요한 업무 위주로 우선순위를 정하고, 업무의 마감 시간을 지키기 위해 최선을 다해야 한다. 또한 마감 시간이 없는 일이라 하더라도 일이 늘어지지 않도록 스스로 업무의 마감기한을 정해 매사 효율적으로 일하는 습관을 들이는 것이 좋다.

끝으로, 근무 시간 중에 시간을 의미 없이 낭비하지 않는지 확인해서 이를 개선하기 위해 노력해야 한다. 가장 대표적인 예가 불필요한 미팅에 참석하거나 동료들과의 잡담으로 시간을 보내는 경우다. 굳이 참석하지 않아도 되는 미팅이라면 과감히 미팅 요청에 거절 답변을 보내는 용기도 가끔은 필요하다. 혹은 그냥 듣기만 하는 미팅이 있다면 본인이 참가하는 게 맞는지 스스로 묻고 최대한 본인의 기여도가 없는 미팅에는 참석하지 않도록 조율해야 한다. 또한 동료들과의 불필요한 잡담이나 인터넷 서핑 등으로 업무 시간을 허비하지 말고, 최대한 업무 흐름이 끊기지 않도록 낭비하는 시간을 줄이는 노력이 필요하다.

직장인들은 업무 시간만큼은 직장에 매인 몸이다. 하지만 이 시간을 어떻게 보내느냐에 따라 회사가 중심인 삶을 살지 또는 스스로가 주도하는 삶을 살지가 결정되므로, 결국 본인의 선택에 달려 있는 셈이다. 회사가 중심이 아닌 자기 주도형의 삶을 선택한 직장인들은 근무시간에 보다 효율적으로 일할 수 있기 때문에, 최고의 성과를 만들어낼 수 있다. 이를 통해 일에 대한 자신감뿐만 아니라 스스로의 경쟁력 또한 만들어갈 수 있다.

오늘도 팀원이 메신저를 통해 말을 건다. "부문장님, 이제 그만 퇴근해보겠습니다. 즐거운 저녁시간 되세요." 나는 그제야 시계를 보고 퇴근 시간이 되었음을 알아차린다. "예 조심히 들어가요. 내일 봅시다." 메신저로 답을 보낸 후 나도 바로 퇴근 준비를 시작한다. 나는 당당하게 칼퇴하는 우리 팀원이 대견하다. 그녀가 오늘 하루 열심히 많은 일을 해낸 것을 알기 때문이다. 이제 직장인들에게 퇴근 시간은 중요하지 않다. 상사 눈치와 회사 분위기보다는 오로지 본인의 실력과 업무 성과만으로 승부를 보면 될 일이다.

 프로를 위한 팁

칼퇴에 대하여 이렇게 생각하기!

❶ 칼퇴는 내가 하기 나름이다. 업무 시간을 어떻게 효율적으로 사용할지를 먼저 고민하고, 최대한 업무의 집중도를 높이기 위해 노력하자.

❷ 당당하게 칼퇴하되, 오직 본인의 실력과 업무 성과로 승부를 걸자.

chapter 9

업무의 우선순위는
마감 시간 위주로

   유난히 분주하고 정신없게 일하는 직원들이 있다. 열심히 하는 것은 좋은데 뭔가 일에 두서가 없고 항상 마감 시간에 쫓기는 유형 말이다. 상사는 이런 직원들과 일할 때 유독 가슴이 조마조마하다. 만약 상사가 오늘까지 제출 기한인 보고서가 어떻게 돼가는지 물었을 때 "아, 죄송합니다. 다른 일 하느라 아직 마무리를 못했습니다. 지금 바로 하겠습니다."라고 답한다면, 당신에 대한 상사의 신뢰는 무한 추락할 것이다. 직장인들은 늘 바쁜 업무로 시간에 쫓긴다. 그들은 효과적인 업무 처리를 위해 할 일들에 우선순위를 정하고 일을 처리한다. 하지만 긴급하게 처리해야 할 일들이 하나둘씩 동시다발적으로 생기다 보면, 업무들의 우선순위는 뒤죽박죽되기 십상이다.

이런 상황이 되면 어떻게든 일을 처리하는 데에만 급급해지고, 나름 열심히 일하는데도 결국 상사에게 싫은 소리만 듣게 되는 환장할 지경에 처한다.

일 잘하는 사람들을 보면, 그들은 갑작스럽게 맡겨진 일도 잘 처리하면서 시간을 효율적으로 활용한다. 그들은 하루를 시작할 때 업무의 우선순위를 정하고, 시간을 배정하고 오늘 할 일들을 정한다. 여기서 말하는 우선순위는 무슨 일부터 하겠다는 순서를 정하는 것이 아니라, 업무의 중요도와 기한이 정해진 일부터 처리하는 것을 말한다. 그들은 업무에 있어 절대 정해진 기한을 놓치는 법이 없다. 상사와 동료들과 함께 일할 때 가장 중요한 것은 서로에 대한 믿음과 신뢰다. 매번 다른 급한 업무를 핑계 대며 정해진 업무 기한을 지키지 않는 사람에게 누가 신뢰가 생기겠는가?

따라서 일을 할 때는 중요한 업무 위주로 우선순위를 정하되, 반드시 업무의 마감 시간을 지켜야 한다. 간혹 상사가 정확한 기한을 명시하지 않고 업무를 지시할 때는 반드시 상사에게 마감 시간을 물어보는 습관을 갖도록 하자. 대부분의 상사들은 언제까지 보고해달라고 명확하게 업무 지시를 하지만, 일부 상사들은 "그냥 적당히 알아서 보내주세요."라며 언제까지 요청받은 업무를 완료해야 하는지 흐지부지하게 말하기도 한다. 이럴 때는 "그럼 제가 다음 주 금요일까지 보고 드리겠습니다."라고 상사에게 역으로 마감 기한을 제시하는 것도 좋은 방법이다. 상사는 적극적으로 일하는 당신의 모습에 감동받을 것이고, 당신도 모호하게 업무를 지시해놓고 느닷없이 보고서 달라고 떼쓰는 상사의 모습을 보지 않아도 된다.

바둑기사인 조훈현은 그의 저서 《고수의 생각법》에서, "자신의 분야에서 프로가 되고 싶다면, 어린 시절부터 시간제한이라는 압박 속에서 많은 일을 성취하는 경험을 쌓아야 한다. 바둑은 결정을 못하고 초읽기 시간을 넘기는 것보다는 차선의 수라도 놓는 것이 낫다고 가르친다. 마찬가지다. 업무의 완성도도 좋지만 때로는 시간을 지키는 게 더 중요할 때가 있다. 최고의 성과를 내지는 못하더라도 데드라인 안에 일정 수준 이상의 결과물을 늘 내놓는 것 역시 확실한 능력이다."고 말했다. 직장인들은 모든 일에서 시간을 잘 지켜야 한다. 특히 정해진 기한 내에 업무를 처리하는 것은 기본 중의 기본이다. 물론 업무를 하다 보면 갑자기 급하게 처리해야 할 일들이 생길 수 있다. 이런 경우 다른 일들로 요청받은 업무를 기한 내에 맞추기 어렵다면, 바로 상사나 팀 동료들에게 당신의 지금 상황을 설명하고 마감 시간을 조정해야 한다. 합당한 이유가 있다면 어느 누구도 당신이 일하기 싫어 꼼수 부린다고 생각하지 않을 것이다.

항상 일을 시작하기 전에 스스로에게 질문하는 습관을 들이자. 오늘 내가 해야 할 가장 중요하고 시급한 업무는 무엇인가? 그리고 오늘 마감해야 할 일이 있다면 이유 불문하고 그 일부터 처리하도록 하자. 또한 크고 작은 일에 상관없이 언제나 업무에 마감 시간을 정하는 습관을 들이자. 그렇게 되면 일을 시작할 때 업무의 우선순위를 정하는 것이 훨씬 수월할 것이다. 자, 오늘 내가 해야 할 이 업무를 언제까지 마감할 것인가?

 프로를 위한 팁

업무의 우선순위에 대하여 이렇게 생각하기!

❶ 업무의 중요도를 고려하되 반드시 마감 시간이 정해진 일부터 처리하자.

❷ 항상 마감 시간을 정하고 일하는 습관을 들여야 한다.

chapter **10**

노트북 켜기 전에
노트부터 펼쳐라 _____

"이 과장, 출근했네! 커피나 한 잔 하자."

"부장님, 출근하시느라 힘드셨는데 담배나 한 대 피우러 가시죠."

"바쁘다 바빠. 일이 너무 많아 정신을 차릴 수가 없다니까."

"아니, 하루 종일 정신없이 바빴는데 내가 오늘 뭘 한 거지?"

출근하자마자 직장동료들과 커피 한 잔으로 하루를 시작하고 또
는 쫓기듯이 바로 미팅에 들어가고, 그러다 자리에 앉으면 뭘 해야
할지 고민하다가 퇴근하면서 '내가 오늘 뭘 했지?' 하고 갸우뚱거리
는 모습… 혹시 내가 지금 이런 모습이라면, 보다 효과적인 시간 관
리에 대하여 심각한 고민을 해야 한다.

출근하자마자 직장동료들과 커피를 마시며 이야기를 나누거나 삼삼오오 모여 담배를 피우러 나가는 사람들을 심심찮게 볼 수 있다. 물론 아침에 직장동료들과 이런저런 얘기를 나누며 하루를 시작하는 것도 그 나름의 의미가 있겠지만, 출근하면 가장 먼저 그날의 업무 계획을 세우는 데 시간을 할애해야 한다. 일하기도 바쁜데 언제 한가하게 계획할 시간이 있냐고 반문할 수도 있다. 하지만 계획에 투자할 시간이 없다고 말하는 것은, 계획 없이 시간을 비효율적으로 보내서 시간이 부족하다는 반증이기도 하다. 사람들은 언제나 시간이 부족하고 바쁘다고 말하지만, 정작 어떤 일을 어떻게 하며 시간을 보냈는지 물어보면 명확하게 답하지 못하는 경우가 많다.

일에 대한 계획을 잘 세우면 효율적인 시간 관리가 가능하기 때문에, 보다 많은 일을 체계적으로 처리할 수 있다. 구체적인 계획 없이 생각나는 대로 일을 처리하거나 우왕좌왕 몸만 바쁘게 일하다 보면, 뭔가 하루 종일 정신없이 바쁘게 보낸 것 같은데 막상 급하게 처리해야 할 일을 놓쳐 상사의 싫은 소리를 들으며 허겁지겁 처리해야 하는 경우가 생긴다. 이런 상황을 막고 일의 효율을 높이고 한숨 돌릴 여유까지 챙기려면, 일단 출근 후 가장 먼저 '오늘 해야 할 일'에 대한 원칙을 세워야 한다.

나는 출근하자마자 일을 바로 시작하지 않고 먼저 업무 계획부터 세운다. 이를 매일 습관화하기 위해 나만의 리츄얼ritual을 만들 것을 추천한다. 리츄얼의 사전적 의미는 '항상 규칙적으로 행하는 의식과 같은 의례적인 일'을 말한다. 하루를 시작하면서 반복적이고 규칙적인 행동을 통해 생각과 마음 상태를 정리하는 것은 효과적인 하루를 보내는 데 있어 반드시 필요하다.

　나에게도 매일 아침 나만의 리츄얼이 있다. 나는 출근길에 항상 회사 근처 카페에서 커피를 산다. 사무실에 도착하면 먼저 책상을 정성스럽게 닦는다. 그다음 서랍에서 노트북을 꺼내 전원을 켜고, 동시에 업무노트를 펼친다. 나는 고가의 양장 다이어리나 비즈니스 플래너를 선호하지 않는다. 비즈니스 플래너의 월간별, 주간별, 일별로 칸칸이 나눠진 여백을 보노라면 계획 자체가 하나의 큰 산처럼 느껴진다. 그래서 나는 달력과 노트만 있는 단순한 디자인의 다이어리를 선호한다. 업무 계획은 본인에게 맞는 방법을 찾는 것이 중요하다. 성격에 따라 세부적인 계획 세우기 자체가 버거운 사람도 있고, 반면에 시간 단위로 업무를 촘촘히 계획하는 사람도 있다. 혹은 손으로 쓰는 노트보다는 노트북이나 핸드폰의 일정관리 앱을 사용하는 것을 선호하는 사람도 있다. 이같이 출근과 책상 정리를 마치고 노트북과 업무 노트가 준비되면, 이제 오늘의 업무 계획을 위한 나만의 리츄얼이 반 정도 완성되었다.

　이제 나머지는 본격적으로 업무 계획 시간이다. 노트북이 켜지면 회사 이메일을 열어 가장 먼저 일정관리부터 확인한다. 나는 업무를 계획할 때 항상 주간 일정을 먼저 확인 후에 일간 계획을 세우고, 그 다음 다시 오전과 오후 업무를 계획한다. 특히 한 주를 시작하는 매주 월요일 아침에는 먼저 그 주의 주요 일정부터 확인한다. 어느 요일에 행사나 미팅이 잡혀 있는지, 또는 마감 시간이 정해진 일들이 있는지를 우선적으로 확인한다. 한 주의 일정을 주초에 미리 확인하는 이유는 그 주에 해야 할 업무들을 파악하고, 어떤 일을 언제 해야 할지 일정을 계획하기 위해서다. 예를 들어 미팅이나 행사가 많이 잡힌 날에는 집중력을 요하는 문서나 데이터 작업이 어렵다. 이런 날에는 단순 업무 위주로 업무 계획을 짜서, 미팅 사이사이 자투리 시간에 해당 업무를 처리할 수 있도록 계획을 세운다. 반면 일정이 많지 않은 날에는 제안서, 발표자료 준비 등 집중해서 처리할 업무들을 할 수 있도록 계획을 세운다. 특히 마감 시간이 정해진 업무들은 미리미리 확인해서 일정에 맞게 처리할 수 있도록 한다.

이제 이렇게 계획된 업무 일정들을 업무노트에 적어 나간다. 해야 할 업무들을 하나씩 차곡차곡 적어 나가다 보면, 오늘 하루나 이번 주에 할 일들이 자연스럽게 정리가 된다. 이렇게 머릿속에 할 일에 대한 계획을 정리하고 나면, 이후 업무를 처리하는 과정이 훨씬 수월하고 효과적이다. 이같이 업무 계획에 드는 시간은 고작 5~10분 정도다. 비록 짧은 시간이지만 매우 강력한 힘을 발휘하는 시간이다. 이제 일하기 위한 만반의 준비는 모두 갖춘 셈이다.

아무리 능력이 뛰어난 사람이라도 계획 없이 산만하게 일하면 좋은 결과를 기대하기 어렵다. 구체적 계획 없이 일하는 사람은 마치 내비게이션 없이 모르는 길을 달리는 운전자와 같다. 원하는 장소까지 무사히 가기도 어렵지만, 운전 중 발생하는 우발상황에 대한 준비가 전혀 되어 있지 않다. 일 잘하는 사람들이 항상 자신감 있게 일할 수 있는 비결은 바로 철저한 업무 계획과 준비 과정에 있다. 그들은 일하는 데 있어 계획의 중요성을 잘 알기에, 가장 먼저 업무 계획을 세우고 업무 준비를 마친 후에 일을 시작한다.

자기계발과 동기부여의 대가인 지그 지글러는 "계획을 수립하는 데는 일을 성취하는 데 드는 만큼의 노력을 기울여야 한다."고 말했다. 또한 빅터 위고는 "매일 아침 하루 일과를 계획하고 그 계획을 실행하는 사람은 극도로 바쁜 미로 같은 삶 속에서 그를 안내할 한 올의 실을 지니고 있는 것이다. 그러나 계획이 서 있지 않고 단순히 우발적으로 시간을 사용하게 된다면, 곧 무질서가 삶을 지배할 것이다."라고 말했다.

그만큼 모든 일을 하는 데 있어 계획의 힘은 강력하다. 만약 항상 마감에 쫓기고 뭔가 뒤죽박죽으로 일하고 있다는 생각이 든다면, 먼저 출근하자마자 내가 하는 행동 루틴을 점검해보자. 출근해서 직장 동료부터 찾지는 않는지 또는 자리에 앉자마자 습관적으로 바로 노트북을 켜고 일을 시작하지는 않는지 등···. 일할 때는 언제나 행동보다 계획이 앞서야 한다. 일 잘하는 사람들은 언제나 철저한 계획과 준비를 마친 후에 일을 시작한다. 업무에 대한 만반의 계획과 준비를 갖추었기에 당연히 일을 잘할 수밖에 없다. 앞으로 출근하면 무작정 바로 일하지 말고, '일을 계획하는 일'부터 먼저 시작해보자. 하루의 단 5분, 10분이라도 하루의 업무를 미리 그려보고 어떤 일을 언제 할지 차분히 계획하다 보면, 일에 대한 생각도 정리되고, 빨리 일하고 싶은 의욕까지 생긴다. 이제 출근하면 노트북을 켜기 전에 노트부터 펼쳐, 하루의 업무 계획부터 세우는 습관을 들여 보자.

 프로를 위한 팁

나만의 리츄얼ritual 만들기

❶ '한 것도 별로 없는데 언제 하루가 다 갔지?' 싶다면 출근 직후 내 모습을 점검해라.

❷ 매일 반복하는 나만의 리츄얼을 만들되, 5∼10분을 투자해 반드시 업무 계획을 세워라.

생각법칙 3

나의 비장의
무기는 디테일에
있다

chapter 11

이런 것도가 아닌
이런 것까지의 힘 ─────────────

　나는 지난 10여 년 넘게 인턴십 학생들과 함께 일해오고 있다. 인턴십을 하는 직원들은 대학 졸업을 앞두고 있거나 갓 대학을 졸업한 친구들로 대부분 국내외 유수의 명문대를 졸업하여 화려한 스펙뿐만 아니라 유창한 외국어 실력을 겸비하고 있다. 이들은 보통 6개월 정도 근무 후에, 우리 회사나 타 기업의 정규 직원으로 입사한다. 벌써 나를 거쳐 간 인턴 직원들만도 대략 20여 명이 넘는 것 같다. 매번 인턴 직원을 채용할 때마다 나는 부서 팀원들과 함께 심혈을 기울여 인터뷰를 한다. 어떤 부서장은 인턴 직원 뽑는데 뭐 그리 정성을 기울이냐고 묻기도 한다. 나는 회사에서 새로 만나는 사람들과의 인연은 특별하다고 믿기 때문에, 비록 그들과의 만남이 단 6개월이라 하더라도 최선을 다해 좋은 사람을 뽑고 싶은 욕심이 있다.

이렇게 심사숙고 끝에 입사가 결정된 인턴 직원이 부서에 배치되면 그들에게 돌아가는 일은 대부분 부서 내 자잘하고 소소한 업무들이 많다. 부서 경비 처리나 번역 업무, 문서 지원 작업, 파일 정리, 우편물 정리 등의 일들 말이다. 물론 어떤 인턴 직원은 일정이 맞아 행사나 전시회 현장 지원 등에 바로 투입되기도 하지만, 그들이 사무실에서 처음 접하는 업무들은 작은 일들이 대부분이다. 작은 일을 대하는 인턴들의 모양새는 다양하다. 물론 대부분의 인턴 직원들은 군소리 없이 주어진 업무들을 열심히 하면서 직장생활의 경험을 쌓기 위해 노력한다. 반면 일부 친구들은 내가 이런 것까지 해야 하나라는 생각이 표정에 고스란히 드러나 있다. 그들은 싫은 일을 마지못해 하다 보니, 그렇게 작고 하찮은 일에서조차 실수를 연발한다.

그래서 나는 인턴 직원이 우리 팀에 배치될 때마다 직장상사가 아닌 인생선배로서 그들에게 매번 강조하는 말이 있다. 바로 "작은 일이라도 가볍게 여기지 말고 최선을 다해야 한다."라는 것이다. '작은 일을 소홀히 여기지 않고 실수 없이 완벽하게 처리하는 것'이 직장생활을 시작하는 그들이 갖추어야 할 일에 대한 첫 번째 태도여야 한다. 작은 일이라고 쉽게 생각하고 대충대충 처리하면 생각지도 못한 곳에서 큰 일이 터질 수 있다. 깨진 유리창의 법칙을 들어보았는가? 깨진 유리창의 법칙은 깨진 유리창 하나를 방치해두면 그 지점을 중심으로 범죄가 확산되기 시작한다는 범죄 심리학 이론이다. 대부분의 깨진 유리창은 '그럴 수도 있지.' 하고 쉽게 넘어갈 수 있는 사소한 것들이지만, 그 영향력은 결코 작지 않다. 회사에서 작은 일에서의 실수로 곤란한 상황이 생기는 사례는 셀 수 없이 많다. 업체가 보낸 세금계산서를 처리하면서 실수로 숫자를 잘못 기입해 엉뚱한 금액이 업체에 송금되는 경우, 본인의 사소한 실수로 다른 부서 직원들이 문제 해결을 위해 불필요한 수고를 기울여야 한다. 이뿐만이 아니다. 금전 문제에 대한 실수는 회사와 업체 간의 신뢰에도 나쁜 영향을 미칠 수 있다. 또는 상사에 보낼 이메일을 실수로 이름이 비슷한 다른 부서 사람이나 최악의 경우 외부사람에게 보냈다고 해보자. 단순 이메일이야 당사자에게 양해를 구하는 단순 해프닝으로 끝날 수 있겠지만, 만약 외부에 절대 나가면 안 되는 문서가 노출되었다면, 자칫 단순 실수 하나가 회사에 치명적인 악영향을 미칠 수도 있다.

작은 일의 힘은 중요하다. 특히 이제 막 직장생활을 시작한 사람일수록 작고 소소한 일이 주어지면 절대 '이런 것까지 내가 해야 하나?' 생각하지 말고, '이런 것도 내가 열심히 하면 남들보다 더 잘 해낼 수 있다.'라는 마음가짐으로 일을 대하길 바란다. 아무리 작은 일이라도 소홀히 넘기지 않고 최선을 다해 일을 완수할 수 있어야 한다. 우리는 작은 일을 잘해야 큰일을 잘 할 수 있다는 말을 자주 한다.

결국 큰일을 해내는 유일한 방법은 아주 작은 일들을 지속적으로 반복하는 힘에서 생겨난다. 이를 위해서는 노력과 꾸준함이 필요하다. 넷플릭스 〈오징어 게임〉으로 세계적 배우가 된 이정재는 한 언론과의 인터뷰에서 "인생에 '한 방'이란 없다. 인생은 작은 부분이 켜켜이 쌓여 큰 운도 따르고 기회도 온다고 생각한다."고 말했다. 작은 일들을 잘 해내면 결국 큰일을 할 수 있는 기회와 운이 생긴다는 말이다.

일 잘하는 사람일수록 절대 작은 일을 소홀히 하는 법이 없다. 오히려 그들은 작은 일일수록 실수 없이 완벽하게 처리하려고 노력한다. 이런 것도가 아닌 이런 것까지의 힘을 믿으면서 말이다.

 프로를 위한 팁

일하면서 이런 것까지 해야 하나 싶다면 명심해야 할 생각

❶ 무조건 작은 일부터 잘해야 한다.
❷ 작은 일들을 잘해내면 큰일을 할 수 있는 기회가 생긴다. 노력과 꾸준함의 힘을 잊지 말자.

chapter **12**

사소한 일을 더 잘해야 해 ───────────

"커피 하나를 타도 다르게 하고 싶었어요."

30대 초반에 최연소 임원으로 승진하여 20여 년간 외국계 기업의 임원으로 일하다 최근 컨설팅 업체의 대표로 승승장구하고 있는 어느 지인에 대한 기사를 우연히 읽게 되었다. 멋지고 화려한 커리어를 자랑하는 그녀도 첫 회사생활은 비서 업무로 시작했다고 한다. "주로 커피를 타고 복사하는 게 저의 주된 업무였죠. 하지만 커피 하나를 타도 다르게 하고 싶었어요. 그래서 커피 잔 밑에 형형색색의 색종이를 깔았습니다. 그랬더니 보스가 저를 다르게 봤습니다."라며 그녀는 첫 직장생활을 회고했다. 그녀는 복사할 때도 그 당시 복사기가 안 좋아 흐릿하게 나오거나 중간에 글자가 안 나오기도 했는데, 일일이 손으로 글씨를 써서 완성본을 상사에게 갖다주었다고 한다. 그 후 그녀가 잠시 휴가를 간 사이 다른 인턴이 복사기가 안 좋은 것을 모르고 흐릿한 복사본을 갖다주었다가 그녀가 하나하나 글씨를 써서 갖다주었다는 사실이 알려지기도 했다고. 나는 언제나 일에 있어 열정적이고 매사 정성을 다하던 그녀의 모습을 떠올리며, '아, 역시 프로는 떡잎부터 다르구나.'라는 감탄사가 절로 나왔다.

직장에서는 티는 안 나지만 누군가는 반드시 해야 하는 일들이 있다. 바로 직장 내에서 꼭 필요한 반복적인 단순 업무다. 대표적인 직장 내 단순 업무로는 복사, 커피 타기, 우편물 발송, 파일링, 비품 구매 등이 있다. 직장인들이 가장 하기 싫은 일이 바로 이런 단순 업무다. 보통 이런 업무는 부서 막내 직원들이 도맡아한다. 최근 입사한 20대 직원들은 치열한 경쟁을 뚫고 회사에 들어온 인재들이다. 학벌도 뛰어나고 외국어도 능통하다. 지금 우리 세대가 20년 전으로 거슬러 올라가 지금 다니는 회사에 지원한다면 우리는 백발백중 탈락했을 거라며 동년배들끼리 농담조로 말할 정도다. 그만큼 최근에 입사한 신입직원들은 누구보다 우수하고 똑똑한 친구들이 많다. 하지만 직장에서 이런 신입들에게 제일 먼저 주어지는 업무는 대부분 작고 사소한 일들이다. 그런데 그런 단순 업무를 시키면 그들의 표정은 썩 밝지 않다. 아마도 이런 생각을 하지 않을까? '내가 이런 일이

나 하려고 이렇게 힘들게 입사한 게 아닌데….'

직장인들 누구에게나 어느 정도 참으면서 해야 하는 일들이 있다. 이런 것까지 내가 해야 하나라는 생각이 드는 그런 사소한 일들…. 다만 명심해야 할 점은 직장에서 작고 보잘것없는 일이란 결코 없다는 사실이다. 직장에서 하는 일에는 모두 그 나름대로 의미가 있다. 단지 내가 그 일을 작고 사소하게 여기는 생각이 늘 문제다. 큰일을 잘하는 사람들에게 작은 일을 시키면, 작은 일 역시 같은 태도로 최선을 다해 임한다. 그들에게 일은 '크기'만 다를 뿐 '의미'는 같기 때문이다. 때때로 사소한 업무를 아무렇게나 여기고 대충 처리하는 경우, 이것이 불씨가 되어 커리어 전반에 타격을 입기도 한다.

만약 당신이 고객들에게 계약서를 우편물로 발송하는 업무를 맡았다 치자. 일일이 고객들의 이름과 주소를 입력해야 하는 단순반복 업무라고 대충하거나 하찮게 다루면 어떻게 될까? 우편물이 잘못 배송되거나 이름이 누락되어 고객에게서 우편물을 못 받았다는 항의 전화가 온다면? 아마 당신은 사소한 일도 제대로 하지 못한다는 날선 평가를 받게 될 거고, 회사의 이미지를 떨어뜨리는 부정적 결과를 가져오게 된다. 우리가 직장에서 하는 일은 모두 사소한 일에서부터 시작되지만, 그 사소한 일은 때때로 내 커리어에 큰 타격을 입히고, 나아가 회사의 이미지나 중요한 프로젝트에 차질을 가져오기도 한다. 이것이 작은 일이라고 절대 가볍게 생각하고 건성으로 하면 안 되는 이유다.

일 잘하는 사람들도 평범한 사람들과 똑같이 사소한 일들을 한다. 다른 점이 있다면 그들은 자기가 하는 일들을 절대 작고 사소하게 여기지 않는다는 사실이다. 그들은 사소한 일 하나에도 진심을 다한다. 다시 우편물 발송으로 돌아가보자. 이런 단순 업무조차도 사람들마다 일하는 데 차이가 있다. 어떤 사람은 봉투에 펜으로 주소를 적는다. 악필이라 글씨를 알아보기도 어렵고, 우편번호는 아예 찾아보지도 않는다. 반면에 어떤 사람은 주소를 컴퓨터에 치고 우편번호를 일일이 찾아 넣어 출력한 라벨링 테이프를 봉투에 붙여 가지런하게 정리해놓는다. 당신이라면 누구하고 더 일하고 싶은가?

정리정돈을 예로 들어보자. 간혹 사무실 책상 위에 살림을 차리는 직원들이 있다. 항상 책상 주변이 어지럽고 산만하니 자주 할 일을 빠뜨리거나 실수가 생긴다. 책상에서 자신의 물건을 못 찾고 허둥대는 모습을 보면, 과연 저 사람이 다른 일은 잘해낼 수 있을지 염려될 정도다. 또는 컴퓨터 바탕화면에 수백 개의 파일을 분류도 하지 않고 어지럽게 저장해놓은 사람도 있다. 파일들로 빽빽이 가득 찬 컴퓨터 바탕화면을 보고 있으면 멀미가 날 정도다. 그들이 요청한 자료를 찾지도 못한 채 계속 파일만 뒤지고 있다면, 같이 일하는 사람으로서 믿음이 가겠는가? 반면에 수많은 파일로 가득 찬 서랍장에서도 원하는 파일을 바로 찾아서 건네거나, 복사한 서류들을 일일이 클리어 파일에 가지런히 챙겨서 건네주는 직원이 옆에 있다면 얼마나 든든하고 믿음직하겠는가? 상사들은 의외로 부하직원의 이런 작고 사소한 정성에 감동받는다. 따라서 절대 작고 하찮은 일도 가볍게 여기고 지나치는 일은 없어야 한다.

작고 사소한 일을 대하는 사람의 태도를 보면 그 사람의 일에 대한 전반적인 태도를 알 수 있다. 일 잘하는 사람들은 작고 사소한 일에도 언제나 진지하게 임한다. 모든 큰일은 언제나 작은 일에서부터 시작되고, 사소한 일부터 잘해야 큰일도 잘할 수 있기 때문이다. 일 잘하는 사람들이라고 하늘에서 뚝 떨어진 천재가 아닌 이상 처음부터 일을 잘할 수는 없다. 다만 그들은 매일매일을 충실히 살면서 작고 사소한 일들을 가볍거나 하찮게 여기지 않고 최선을 다해 일한다. 작은 일을 잘 해내고 성취감을 계속 쌓아가면서 조금씩 앞으로 나아가며 실력을 쌓는다. 그리고 이런 작은 걸음 하나하나가 반복되다 보면 어느덧 높고 큰 목표에 다다를 수 있게 되고, 주위에서 전문가 혹은 프로라는 인정을 받게 되는 것이다. 평범한 일을 비범하게 만드는 일 잘하는 사람들도 시작은 언제나 작고 사소한 일에서부터였음을 항상 명심하자.

톨스토이는 말했다. "가장 고귀한 생각은 평범한 일상에서 나타난다. 스쳐 지나가는 사소한 일에도 깨달음을 얻는 사람은 작은 의무도 소홀히 하지 않으며, 그것을 통해 보람을 느낀다."라고. 직장에서는 절대 작고 보잘것없는 일이란 없으며, 모든 일에는 그 나름의 의미가 있다. 일 잘하는 사람이 되고 싶다면서 멋지고 생색내는 일들만 찾아다닐 게 아니라, 지금 하고 있는 작고 사소한 일들을 진심으로 대하고 있는지부터 다시 생각해볼 일이다. 사소한 일도 제대로 처리하지 못하는 사람에게 큰일이 주어질 리 없다. 사소하고 단순한 업무라도 누구보다 잘 해내야지 하는 생각으로 모든 일에 임한다면, 당신은 분명 몇 년 내에 회사에서 인정하는 최고의 전문가가 되어 있을 것이다.

 프로를 위한 팁

일을 대할 때 명심해야 할 생각

❶ 직장 내에서 대충 해도 되는 일이란 없다.
❷ 프로는 큰일도 잘하지만 작은 일은 더욱 잘한다.

chapter 13

디테일은 나만의 필살기 ───────────

　외국계 기업에서 일하면서 가장 많이 하는 업무 중의 하나가 해외 본사 자료를 국문으로 번역하는 일이다. 지금은 워낙 번역앱이 좋아 번역 업무가 많이 수월해졌지만, 예전에는 번역하다 모르는 단어가 나오면 두꺼운 영한사전을 꺼내 일일이 단어를 찾아봐야 했다. 나는 신입 시절 영한사전을 찾는 것이 귀찮기도 했고 일을 빨리 처리하고 싶은 욕심에 문서 번역에 실수가 잦았다. 하루는 중요한 서류를 번역하는 중에, 그만 1 billion을 10억이 아닌 1억으로 번역했다. 나는 이를 모른 채 바로 팀장님에게 번역본을 전달하고 다른 업무를 처리하고 있었다. 그런데 팀장님이 조용히 내 자리에 오시더니, "번역에 실수가 있네요. 특히 숫자는 꼼꼼히 봐야 합니다."라며 나의 실수를 지적하면서 다시 수정할 것을 요청하셨다.

순간 나는 팀장님의 말에 기분이 상했다. 직접 말은 못 했지만 그런 작은 실수 정도는 그냥 팀장님 선에서 수정하면 될 것을 바빠 죽겠는데 이런 것까지 하나하나 지적하나 싶었다. 하지만 다시 고쳐 생각해보니 팀장님은 나에게 아무리 바빠도 잔 실수를 줄이고 꼼꼼하고 디테일하게 일하는 태도를 가르쳐주고 싶으셨던 것 같다. 나는 문서에서 1억을 10억으로 고친 후 문서를 출력해서 찬찬히 읽어보았다. 일부 어색한 문구도 보였고, 오타도 1~2개 보였다. 그 일을 계기로 나는 아무리 바빠도 절대 내가 작성한 문서에 오타나 번역 오류가 발생하지 않도록 철두철미하게 문서 작업을 할 것을 다짐했다. 그리고 상사에게 서류를 보내기 전에 반드시 문서를 출력해서 최종 점검하는 것을 습관화했다. 처음에는 디테일 하나하나에 신경을 쓰다 보니 문서 작업에 시간이 다소 걸렸지만, 이것도 반복적으로 하다 보니 시간도 빨라지고 예전에 비해 문서에 별다른 오류 없이 보고할 수 있었다. 일 하면서 자연스럽게 디테일하게 일하는 업무 습관이 잡힌 것이다.

'디테일'의 사전적 의미는 미술품 전체의 한 부분을 이르는 말이다. 하지만 일상생활에서 통용되는 "저 사람은 참 디테일하다."라는 말은 "저 사람은 매우 세세한 부분까지 신경 쓰는 꼼꼼하고 정확한 사람이다."라는 의미로 사용된다. 직장에서 일 잘하는 사람들은 무엇보다 디테일에 강하다. "신은 디테일 속에 있다."라는 독일의 격언처럼, 그들은 세세한 업무를 절대 소홀히 하지 않는다. 왜냐하면 그들은 작지만 치명적인 디테일의 위력을 알고 있기 때문이다. 일례로 나는 직원을 채용할 경우 이력서를 검토하다 오타가 발견되면 아무리 좋은 대학, 좋은 경력을 가지고 있어도 그 이력서는 다시 보지 않는다. 물론 홍보 업무를 오래 하다 보니 이런 작은 실수에 내가 다른 사람보다 민감할 수는 있다. 하지만 정말 이 회사에 입사하고 싶은 지원자라면 이력서 하나에도 최선을 다해야 한다는 것이 나의 평소 지론이다. 심지어 다른 회사의 이름을 적어서 우리 회사에 지원한 이력서를 보면 솔직히 불쾌하기까지 하다.

이같이 직장생활에서 무심코 지나친 작은 일 하나 때문에 큰 낭패를 보는 경우는 무수히 많다. 이 정도면 괜찮겠지 혹은 뭐 이런 거 하나 가지고 이러면서 대충 넘어가려는 생각은 위험하다. 중요한 계약서임에도 불구하고 조항에 들어가는 회사 이름이나 숫자에 오타가 있거나, 급하게 이메일을 보내느라 수신자를 잘못 기입해 외부로 나가서는 안 될 내부 정보가 전달되거나, 상사 뒷담화 하는 카톡이나 이메일을 직장동료가 아닌 상사에게 보내버리는 등등… 사람이 일하다 보면 그럴 수도 있지 하고 가볍게 웃어넘긴다면 나중에 큰코다칠 일밖에 없다. 아주 미묘하고 작은 일 하나가 당신의 소중한 경력을 망칠 수 있다는 사실을 항상 명심해야 한다. 디테일한 부분까지 놓치지 않고 꼼꼼히 챙기는 업무 태도는 하루아침에 형성되지 않는다. 매사 모든 업무에 있어 작고 세세한 부분까지 꼼꼼하게 처리하는 부단한 실전 연습과 경험만이 디테일에 강한 본인만의 업무 스타일을 만들어간다.

나 또한 주위에서 디테일에 강하다는 말을 자주 듣는다. 내가 모든 일에 있어 디테일에 강한 이유는 바로 모든 프로젝트를 하기 전에 내가 팀원들과 함께 만들어가는 'To do list'에 그 답이 있다. 사소한 디테일도 놓치지 않게 되는 마력의 To do list는 프로젝트를 위한 모든 업무들이 상세하게 정리된 우리 팀의 업무 계획표다. 먼저 엑셀 파일을 열어 프로젝트 명을 기입하고 상단에 프로젝트 마감일까지의 달력을 일 기준으로 모두 기입한다. 연휴 등은 해당 달력에 포함시키지 않는다. 다음 왼쪽에 프로젝트를 위해 해야 할 모든 업무들을 카테고리 별로 최대한 상세하게 기입하고, 다음으로 그 일을 누가 언제까지 완료해야 하는지를 꼼꼼하게 적는다. 특히 해야 할 업무들은 최대한 작고 세세하게 쪼개서 자세하게 작성한다. 이렇게 팀원들과 함께 만든 To do list는 프로젝트가 완료될 때까지 업무를 진행하며 함께 업데이트 해 나간다. 계획한 업무 하나하나가 완성되어 '완료'라는 표시가 늘어 가면, 어느덧 프로젝트가 거의 마무리되어간다. 이러한 업무 계획표를 만들면 절대 작은 업무도 놓치지 않을 뿐만 아니라, 업무 계획표를 만들 때 해당 프로젝트를 미리 계획해 보고 할 일들을 그려볼 수 있어, 보다 체계적인 일처리가 가능하다.

최근에 팀원을 포함해 타 부서 직원들과 저녁 회식을 하면서 MBTI 얘기가 나왔다. 나는 MBTI 의 J형이라 모든 일을 하는 데 있어 분명한 방향과 계획을 선호하는 유형인데, 소위 여행가기 한 달 전부터 여행 계획과 짐 싸기를 시작한다고 말했다. 반면에 우리 팀원은 P형이라 자율적이고 융통성이 많아 여행을 갈 때도 별다른 계획 없이 바로 여행을 떠나는 경우도 많다고 말했다. 하지만 그녀가 나와 함께 몇 년간 같이 일하며 To do list를 만들다 보니 본인도 점차 J 성향을 갖게 되었다며, To do list 때문에 본인 성격까지 바뀐다고 말해 함께 웃기도 했다.

휴렛팩커드의 설립자 데이비드 패커드는 "작은 일은 큰일을 이루게 하고 디테일은 완벽을 가능케 하다."고 말했다. 또한 왕중추는 그의 저서 《작지만 강력한 디테일의 힘》에서 "늘 위대해 보이는 것만을 추구하고 갈망하는 사람들에게는 성공이 찾아오지 않는다. 오히려 평범한 것에 만족하고 디테일한 것에 세심한 주의를 기울이는 사람이 자기도 모르게 성공의 자리에 오르게 된다. 이것이 바로 디테일의 매력이다."라고 말했다.

가끔 어떤 동료들은 직장생활에서 직급이 올라갈수록 큰 그림만 볼 줄 알면 된다며 디테일하게 일하는 것을 대수롭지 않게 말하곤 하는데, 나는 그런 사람들의 말을 믿지 않는다. 왜냐하면 직장생활을 하면서 디테일에 약한 사람들이 일 잘하는 경우를 거의 보지 못했기 때문이다. 또한 디테일을 이해하지 못하고서는 업무에 대한 큰 그림도 절대 완벽하게 이해할 수 없다. 일 잘하는 사람들은 언제나 디테일에 강하다. 그들은 일을 하는 데 있어 작고 세세한 디테일을 절대 놓치지 않는다. 그들은 작은 실수를 하지 않기 위해 노력하고, 설사 실수가 발생했다면 향후에 같은 실수를 반복하지 않기 위해 노력한다. 그들은 이렇게 디테일의 힘을 통해 점차 일에 대한 본인의 맷집을 키우고 실력을 쌓아나간다. 결국 직장생활의 성공은 화려하고 멋진 일보다는, 작고 세세한 일을 누가 더 꼼꼼하게 잘해 나가는데 있다. 그리고 이때 디테일의 힘이 바로 일 잘하는 사람으로 만드는 당신의 필살기가 될 것이다.

 프로를 위한 팁

일을 대할 때 명심해야 할 생각

❶ 디테일은 작지만 치명적인 위력을 갖고 있다.
❷ 일 잘하는 사람들은 디테일에 강하고, 디테일의 힘을 통해 실력을 쌓아간다.

생각법칙 4

나는 반드시
짧고 쉽게
말한다

chapter 14

메신저가 통화보다 편한
MZ 세대에게

대학생 딸이 방에서 벌써 친구와 한 시간째 카톡을 하고 있다. 딸의 방에서는 친구와의 통화 소리가 아닌 딸이 좋아하는 시끄러운(?) 음악 소리만 가득 흘러나온다. 살짝 문을 열고 방을 들여다보니 카톡으로 문자를 찍어대느라 딸내미의 손가락이 바쁘게 움직이고 있었다. 가히 현란하기 그지 없다. 그런 딸내미를 보고 있으면서 문득 궁금한 생각이 들었다. 저렇게 힘들게 한 시간씩 톡을 하느니 차라리 친구와 통화를 하는 게 낫지 않을까?

요즘 MZ 세대들을 보면 직접 얼굴을 맞대는 대면 커뮤니케이션보다는 전화 문자나 모바일 메신저 등의 비대면 커뮤니케이션을 더 선호하고 익숙해 하는 듯하다. 일로 만난 어려운 사이가 아닌 가까운 친구들끼리도 말이다. 최근 한 온라인 기사에서 스마트폰 사용이 익숙한 MZ 세대 사이에서 콜포비아Call-phobia 현상을 호소하는 친구들이 많다는 뉴스를 읽었다. 콜포비아는 전화와 공포증의 합성어로 전화 통화를 기피하는 현상을 말한다. 이들은 전화 통화를 할 때 긴장감, 압박감 등의 불편함을 자주 호소한다고 한다.

최근 한 캐나다 기업은 젊은 직원들의 전화공포증을 해결하려는 회사들을 대상으로 전화공포증을 없애주는 서비스도 등장했다고 한다. 전화 통화를 할 때 불안감을 느끼는 젊은 직원들이 많아져 사내 소통에 문제가 생기자 고육지책으로 이런 서비스를 생각했다고 하니, 참으로 세상이 변해도 너무 변했다. 돈을 내고 전화 통화를 연습해야 한다니 말이다.

왜 그들은 전화 통화를 두려워하는 것일까? 기사는 젊은 세대가 전화 통화에 두려움을 느끼는 가장 큰 이유로 '질문에 대한 답을 모를 수 있다는 불안감' 때문으로 분석했다. 실패에 대한 두려움, 준비가 안 되면 망설여지는 것이 전화 통화를 기피하는 이유라고 한다.

하지만 우리는 회사에 들어가면 좋든 싫든 직장사람들과 다양한 방식을 통해 소통해야 한다. 단순히 메시지를 전달할 목적이라면 직접 만나서 하는 것보다는 사내 메신저나 전화 문자가 시간도 절약되고 보다 효과적일 수 있다. 하지만 사람간의 커뮤니케이션은 단순히 정보 전달에만 있지 않다. 코로나 시국으로 많은 회사들이 어쩔 수 없이 비대면 회의로 대면 회의를 대신했지만, 많은 직원들이 보다 효과적인 소통을 하는 데 있어 비대면 회의는 한계가 있다고 입을 모아 말한다. 비대면 회의는 정보 전달은 가능하지만, 직접 만나 현안에 대한 다양한 토론을 하거나 여러 진솔한 감정을 전달하는 데에는 한계가 있기 때문이다. 나는 아무리 화상회의 기술이 발달하더라도 전화 통화, 대면 회의 등과 같이 직원 간의 직접 소통은 절대 사라지지 않을 것이라고 생각한다. 이는 대면 커뮤니케이션의 힘이 그만큼 강력하기 때문이다.

우리가 다른 사람들과의 대화 중에 얻을 수 있는 80% 이상의 정보는 상대방의 비언어적 행위, 즉 바디랭귀지에서 얻는다고 한다. 말보다는 얼굴 표정, 자세, 목소리 등의 비언어적 행위가 의사소통이나 감정, 느낌을 전달하는 데 더욱 효과적인 것이다. 모바일 메신저의 이모티콘이 아무리 다양해져도 서로 눈을 맞추고 대화하면서 느끼는 다양한 감정과 생각을 절대 대체할 수 없다. 아무리 메신저에서 서로 웃음 이모티콘을 전달한들 사무실에서 동료들간에 주고 받는 밝은 웃음을 어떻게 대체할 수 있겠는가? 사람들과 좋은 관계를 쌓고 유지하기 위해서는 서로 얼굴을 맞대고 목소리를 들으며 대면 소통을 해야 한다. 서로의 감정을 교류하면서 말이다.

다시 전화 통화로 돌아가보자. 콜포비아까지는 아니어도 다른 사람들과 전화 통화를 하는 게 불편하고 조심스럽다면 아래의 3가지 방법을 한번 시도해보자.

먼저 상대방에게 전화하기 전에 미리 문자를 보내 상대방과 언제 전화 통화가 좋은지 묻는 것이 좋다. 이는 상대방에 대한 작은 배려일 수도 있지만, 통화가 가능한 시간을 미리 파악해두면 어느 정도 통화 전에 마음의 준비를 할 수 있다.

둘째, 상대방과 통화하기 전에 내가 얘기할 사항들을 미리 적어두도록 하자. 이렇게 하면 가급적 핵심사항만 전달함으로써 최대한 전화 통화를 짧게 끝내면서 원하는 통화를 마칠 수 있다.

마지막으로 사무실에서 전화 통화를 하면 주변 동료들이 자신의 통화를 듣고 있다는 생각에 평소보다 더욱 긴장하게 된다. 괜히 남들이 듣고 있다는 생각에 통화 중에 말실수를 할까 봐 통화가 부담스럽고 두렵기조차 하다. 이럴 때는 자리 근처 회의실이나 별도의 독립된 공간을 찾아서 다른 사람의 시선에서 자유로우면 훨씬 가벼운 마음으로 통화에 집중할 수 있다. 혼자 있으면 아무래도 덜 긴장하게 되고 상대방과의 대화에도 보다 집중할 수 있기 때문에, 전화 통화가 불편할수록 남들 앞에서보다는 혼자만의 공간을 찾아 통화를 하는 것이 좋다.

생각해보니 나도 최근에 친구들이나 지인들과 문자나 카톡만 했지 통화를 한 기억이 없다. 참으로 반성할 일이다. 마침 며칠 전 초등학교 동창 친구의 생일이라 전화를 걸어 생일 축하인사를 하려고 했다. 전화를 받자마자 친구는 "야, 뭔 일 있냐? 갑자기 웬 전화야?"라고 말한다. 하… MZ 세대만 탓할 건 아닌 것 같다.

 프로를 위한 팁

일을 대할 때 명심해야 할 생각

❶ 비대면 소통은 간단하고 편하다. 하지만 사람들과 좋은 관계를 맺기 위해서는 대면 소통을 반드시 해야 한다. 이는 직장에서도 마찬가지다.

❷ 전화 통화에 대한 두려움은 반복적인 연습과 노력으로 충분히 없앨 수 있다. 미리 통화할 시간을 파악하고, 말할 내용을 적어두고, 혼자만의 공간에서 통화하면 어느 순간 자연스럽게 통화 버튼을 누르는 자신의 모습을 발견할 수 있다.

chapter 15

짧고 쉽게 말하기의 내공 ————————

매달 사장님과 하는 임원회의. 예정된 회의는 3시간이지만 발표가 많으니 항상 예정보다 길어지는 게 다반사다. 특히 회의 시간을 잡아먹는 몇몇 임원이 있다. 먼저 A 사업본부 이 전무다. 그는 공학계열 출신으로 다년간 업계에서 쌓은 지식과 경험으로 무장된 엔지니어다. 하지만 그의 발표가 시작되면 모든 임원들은 한숨부터 쉰다. 그는 본인 발표 시간을 제대로 지킨 적이 단 한 번도 없다. 할 얘기는 많고 시간은 짧으니 항상 그의 말에는 두서가 없다. 이 얘기 하다 저 얘기 하는 그의 발표를 듣고 있노라면, 나도 저 먼 안드로메다로 떨어지는 기분이다. 참다못한 사장님이 "이 전무, 핵심만 얘기합시다."라고 말해도, 그는 별로 개의치 않는다. "아, 그게 말입니다. 사장님⋯." 하면서 다시 2절이 시작된다. 듣고 있는 임원들은 점점 지쳐가고, 그의 발표는 언제나 사장님의 강제 종료 후에야 끝이 난다.

두 번째 영업팀 오 상무다. 그는 영업담당이라 말이 천상유수다. 하지만 한시도 쉬지 않고 말하는 그의 발표가 끝나면 모든 임원들은 아리송한 표정을 짓는다. 뭘 많이 듣기는 했는데 기억에 남는 내용이 거의 없기 때문이다. 그의 발표는 내용보다는 온갖 미사여구와 어려운 전문용어의 남발로 가득하다. 말은 유창한데 도대체 아무도 그가 말하는 내용을 이해하지 못한다는 게 문제일 뿐. 한 번은 오 상무의 발표를 주의 깊게 들어보았다. 아뿔싸. 화려한 언변과 달리 그의 말은 주어 동사가 하나도 맞지 않았다. 주어 동사가 뒤죽박죽이 되니 누가 무엇을 했다는 것인지, 당연히 듣는 입장에서는 헷갈릴 수밖에 없다.

직장에서 다른 사람과 소통을 잘하는 것은 직장인이 기본적으로 갖춰야 할 능력이다. 특히 직장인에게 실무 능력만큼이나 중요한 것은 회의석상에서 자신이 말할 내용을 짧고 쉽게 말하여 상대방에게 이를 잘 전달하는 것이다. 일 잘하는 사람들은 자신이 말하고 싶은 내용을 언제나 가능한 짧고 명료하게 말하는 데 선수다. 그들의 말은 군더더기가 없기에 이해가 쉽다. 글을 써본 사람이라면 글을 장황하게 쓰는 것보다 짧고 간결하게 쓰는 것이 더 힘들다는 것을 알 것이다. 말도 마찬가지다. 두서없이 길게 말하는 것보다는 짧고 간결하게 말하는 것이 훨씬 어렵다.

과연 상대방에게 나의 메시지를 잘 전달하기 위해, 짧고 쉽게 말하려면 어떻게 해야 할까? 만약 당신이 회의석상에서 발표를 앞두고 있다면, 발표 전에 다음 3가지 사항을 점검할 것을 제안한다.

먼저, 내가 오늘 회의석상에서 청중들에게 전달해야 할 핵심 메시지가 무엇인지를 고민해라. 언제나 소통에는 내가 전달할 핵심 메시지가 있어야 한다. 간혹 메시지보다는 이를 어떻게 전달할지를 고민하는 사람들을 보게 되는데, 이는 올바른 방법이 아니다. 효율적인 소통을 위해서는 항상 내가 전달할 핵심 메시지를 정확히 파악하고 있어야 한다. 그래야 짧은 시간에도 우왕좌왕하지 않고 나의 핵심 메시지를 청중들에게 일목요연하게 전달할 수 있다.

둘째, 언제나 상대방이 이해하기 쉽게 말하고, 특히 기승전결을 잘 갖추어 말하는 연습을 하자. 내가 하는 말에 주어 동사가 뒤바뀌거나 불필요한 미사여구는 없는지, 말을 이상하게 꼬는 습관이 있는지 등을 스스로 점검해보자. 화려한 미사여구는 오히려 나의 메시지를 상대방에게 전달하는 데 방해가 될 수 있다. 장황하고 길게 말하지 말고, 짧고 단순하고 명료하게 상대방에게 내 메시지를 전달해야 한다. 이를 위해 직장동료들의 피드백을 받거나 혹은 내 발표를 녹음해서 반복적으로 들으며 나의 화법을 개선하는 것도 좋은 방법이다. 나의 화법을 정확히 이해하고, 이를 개선하는 데에는 꾸준한 연습밖에는 방법이 없다.

마지막으로 최대한 전문용어는 풀어쓰자. 아무도 못 알아듣는 전문용어의 남발은 절대 당신을 전문가로 보이게 하지 않는다. 전문용어는 최대한 쉬운 말로 풀어서 설명하는 습관을 들여야 한다. 어려운 말을 쉽게 풀어주면 듣는 사람들은 훨씬 이해가 잘 된다. 강원국은 그의 저서 《대통령의 글쓰기》에서, "단순한 문제를 복잡하게 말하는 데는 지식이 필요하고, 복잡한 문제를 단순하게 말하는 데는 내공이 필요하다."고 말했다. 일 잘하는 사람들치고 어렵고 복잡하게 말하는 사람을 거의 보지 못했다. 특히 그들이 일반인들이 이해하기 어려운 특정분야의 전문가일수록 말이다. 어려운 내용을 쉽게 풀어서 말하는 사람들에게서 진정한 노련함이 느껴지는 이유다.

결국 좋은 소통은 내가 말하는 내용을 듣는 상대방이 잘 알아듣고 이해하는 것이다. 좋은 소통을 위해서는 내 말을 경청하고 있는 상대방에 대한 배려가 무엇보다 필요하다. 우리는 말을 수려하게 잘 해야 한다는 강박관념 속에 살고 있는지 모른다. 고대 그리스 시인인 소포클레스는 "말을 많이 한다는 것과 잘 한다는 것은 별개이다."라고 말했다. 별 내용도 없이 말만 잘한다면 이는 진정한 소통이 아니다. 오히려 짧고 쉽게 말하기에는 많은 내공이 필요하다. 내가 하는 말을 상대방이 고역처럼 느끼지 않으려면, 언제나 나의 핵심 메시지를 점검하고 항상 짧고 간결하게 말하는 습관을 들이는 것이 최우선이다. 소통의 목적은 나의 메시지를 상대방에게 잘 전달하는 것에 있다. 쓸데없이 화려한 언변술로 상대방을 피곤하게 만드는 것이 아니라.

 프로를 위한 팁

회의에서 나의 메시지를 효율적으로 전달하기 위해 명심해야 할 생각

❶ 말 잘하는 기술보다는 말하려는 내용이 먼저다
❷ 말을 많이 하려는 욕심을 버리고, 최대한 짧고 쉽게 말해야 한다.

chapter **16**

회의에서 입 다물면
안 되는 이유 ────────

　오전부터 외국인 사장 주재하에 임원 회의가 한창이다. 임원이 되면 내 업무뿐만 아니라 여러 현안들에 대한 의견을 자유롭게 피력할 줄 알아야 한다. 지금이야 남들 앞에서 말하는 데 익숙해져 있지만, 몇 년 전만 해도 나는 회의에서 주로 남의 말을 조용히 듣는 유형이었다. 내가 잘 모르는 주제에 괜히 미주알고주알 말하는 게 불편하기도 했고, 혹시 다른 동료들이 내 말을 우습게 생각하지 않을까 하는 걱정도 있었다. 어느 날 외국인 사장에게 1:1로 업무 보고를 하던 중 사장이 갑자기 이렇게 말을 잘하는데 회의에서는 왜 그리 조용하냐고 질문했다. 나는 순간 얼굴이 붉어졌다. 사장은 회의는 서로 간에 의견을 말하고 토론하는 자리이기 때문에, 나의 다양한 업무 경험이 다른 동료들에게 많은 도움이 될 것이라고 말했다. 그리고 앞으로 회의에서 적극적으로 의견을 피력해주기를 바란다며, 특히 외국인들과의 회의에서 그렇게 입 다물고 있으면 내가 현안에 별 의견이나 관심이 없는 사람으로 오해할 수 있기 때문에, 회의에서 입을 다물면 안 된다는 조언도 함께 주었다.

그날 사장의 뼈 때리는 조언은 나를 깊은 고민에 빠지게 했다. 나는 평소 회의에서 소위 나대는 사람들을 좋아하지 않았다. 특히 하나마나한 말로 회의 시간이나 축내는 사람들에게는 노골적으로 불편한 표정까지 짓고는 했다. 하지만 생각해보니 내가 모르는 분야여도 내 생각을 말할 수 있고, 가끔은 다른 분야에서 일하는 동료들의 신선한 의견이 오히려 문제 해결에 도움을 주기도 한다.

나는 사장의 조언을 계기로 앞으로 절대 회의에서 남들의 의견만 들으며 회의실을 나오지 않겠다는 굳은 결심을 했고, '회의에서 최소 한 번 이상은 반드시 말하기'를 규칙으로 정했다. 한 번 시작이 어렵지 사람들 앞에서 맞든 틀리든 내 의견을 말하기 시작하니, 생각보다 그리 두렵고 어려운 일은 아니었다. 회의에서 적극적으로 말하는 연습을 하다 보니 긴 회의 시간이 지루하지 않았고, 우려했던 것처럼 남들이 내 의견을 무시하거나 반대하기보다는 오히려 생각하지 못한 부분을 말해줘서 고맙다는 말까지 듣기도 했다.

우리가 회의에서 입을 다무는 이유는 무엇일까? 민족성 자체가 부끄러움을 많이 타서일까? 우리가 남들 앞에서 말을 잘 안 하는 배경에는 교육의 영향이 가장 크다. 어렸을 때 학교를 다녀오면 부모님이 가장 먼저 했던 질문은 "오늘 선생님 말씀 잘 들었어?"였다. 하지만 유태인 부모들은 방과 후 아이들에게 "오늘 선생님에게 질문을 많이 했니?"라고 물어본다고 한다. 우리는 어렸을 적부터 선생님과 부모님 말을 잘 들어야만 한다고 배웠지, 서로의 생각을 말하고 토론하는 교육은 받지 못했다. 이렇게 입 다물고 학교생활을 하다가 갑자기 사회에 나와 회사에 들어간다고 그동안 다물었던 입이 열리겠는가? 그러니 매번 상사의 말만 열심히 듣다가 말 한마디 못하고 회의실을 나올 수밖에 없다. 또한 우리는 실수를 지나치게 두려워한다. 치열한 입시 후유증 때문인지는 모르겠으나 실수는 곧 실패를 의미하기 때문에 우리는 최대한 옳은 말만 해야 한다는 강박관념에 산다. 특히 남들 앞에서 말할 때 혹시라도 실수를 하면 어쩌나 하는 두려움에 더욱 입을 다물게 된다.

하지만 일 잘하는 사람들은 회의에서 자신의 의견과 생각을 말하는 데 선수다. 그들은 회의에서 자신의 의견을 당당히 피력하고, 의견이 좋으면 그들의 능력을 재차 인정받을 수 있는 기회로 만든다. 설사 회의석상에서 상대방이 의견을 반박하거나 이의를 제기하더라도, 그들은 절대 낙심하지 않고 이를 반면교사로 삼아 본인의 시야와 관점을 넓힐 수 있는 계기로 삼는다.

따라서 가급적 회의에서 입 다물고 남의 말만 듣고 있지 말고, 최대한 자신의 의견을 피력하기 위해 노력하자. 우리는 남들 앞에서 말을 잘해야 한다고 생각한다. 하지만 의견을 전달하기 위해 모두가 웅변가가 될 필요는 없다. 회의가 잡히면 최소한 내가 할 말 1~2개 정도만이라도 미리 준비해 가자. 갑자기 남들 앞에서 안 하던 말을 하려면 목소리도 떨리고 얼굴은 붉어지고 심장도 쿵쾅거린다. 하지만 개의치 말아라. 이것도 하다 보면 조금씩 나아진다.

며칠 전 옆 부서 팀장과 점심을 먹다가 본인은 타운홀 미팅회사 CEO와 직원들이 모여 하는 대규모 미팅의 질의응답 시간이 제일 고역스럽다고 말했다. 그래도 팀장인데 팀원들 앞에서 멋진 질문을 하고 싶은데, 남들 앞에서 질문하는 게 너무 두렵다는 것이다. 게다가 여자 팀장이니 다른 동료들의 시선이 더 쏠릴 수밖에 없다. 그래서 나는 답했다. 여자 후배들을 위해서라도 더욱 우리가 총대를 메야 한다고. 앞으로 질의응답 시간이 되면 어떤 질문을 할지 이런저런 생각을 하지 말고 일단 무조건 손부터 들라고 말했다. 마이크가 나에게 다가오는 동안에 질문을 생각하라고. 그러자 그 팀장은 그건 더 못할 것 같다며 함께 웃었지만, 회사에서 본인의 존재감을 높이려면 결국 남들보다 더 질문하고 더 말하는 소위 불편한 노력을 할 수밖에 없다. 하지만 혹시 아는가? 마이크가 다가오기 전에 번뜩 좋은 질문이 생각날 수도 있을지. 최악의 경우 아무 생각이 안 나더라도 오늘 미팅 너무 좋았다는 공치사 한마디라도 해서, 그 순간 당신을 바라보는 동료들의 시선이 변한다면 그 정도의 불편한 노력은 의미 있지 않을까?

프로를 위한 팁

회의에 참석하기 전에 가져야 할 생각들

❶ 회의에서 입 다물고 남의 말만 듣고 있으면, 남들은 내가 아무 의견이 없다고 오해할 수 있다.

❷ 회의는 남의 말을 듣기 위한 자리가 아니다. 최소한 1~2개라도 말할 안건을 준비해 가야 한다.

❸ 회의는 나의 존재감을 높일 수 있는 절호의 기회다. 적극적으로 내의견을 말하고 토론에 동참해야 한다.

생각법칙 5

나는 반드시
소통을 위해
신뢰를 형성한다

chapter **17**

결국 사람이 문제다 ─────────

직장생활의 모든 스트레스는 인간관계에서 비롯된다. 일이 힘든 것이 아니라 사무실에서 만나는 직장사람들 때문에 힘든 것이다. 재미있는 사실은 직장인들 모두가 사람들과의 어려운 인간관계로 힘들어함에도 불구하고, 직장 내 좋은 인간관계를 유지하는 것이 그들의 가장 큰 소망이기도 하다. 아무리 일이 힘들어도 같이 일하는 사람들과 관계가 좋다면 서로 위안을 주고받으며 회사생활을 이어갈 수 있다. 반면에 아무리 일이 좋고 회사가 좋아도 같이 일하는 상사나 동료들과의 관계가 껄끄럽다면 일은 몇 배로 힘들어진다.

혼자 일하다 최근 팀원이 생긴 팀장에게 물었다. "새로 팀원 들어와서 이제 일이 좀 수월하시겠어요?" 그러자 팀장은 잔뜩 찌푸린 얼굴로 말했다. "어휴, 말도 마세요. 팀원 들어와서 이제 일이 좀 줄어드나 기대했는데, 이것저것 챙길 것도 많고 서로 일하는 스타일 맞추기가 생각보다 쉽지 않네요. 솔직히 혼자 일할 때가 마음은 훨씬 편했습니다." 그의 말이 십분 이해되었다. 회사에서 혼자 일하는 게 어쩌면 속은 가장 편할 수 있다. 하지만 회사가 어디 그런 곳인가? 각양각색의 사람들이 한 사무실에 모여 하루 종일 일하면서 전쟁을 치르는 곳이 아니던가? 좋든 싫든 직장인들은 다양한 사람들과 함께 일하는 것이 그들의 숙명인 것이다. 직장사람들과 항상 좋은 관계를 맺으며 일한다면 더할 나위 없이 좋을 것이다. 하지만 현실은 녹록지 않다. 일하면서 생기는 사람들에 대한 각종 오해들, 상사의 불쾌한 말과 무례한 행동, 내 앞에서는 웃지만 뒤만 돌아서면 뒷담화를 해대는 부하직원… 이들과 함께 일하다 보면 감정적으로 지치고 마음이 힘들어져 종국에는 하던 일마저 시들해진다.

심리학자인 함규정 박사는 그의 저서 《서른 살 감정공부》에서, "사회생활의 진정한 성공은 감정에 의해 상당 부분 좌우되기 때문에, 내 감정은 물론 상대방의 감정을 제대로 이해하고 현명하게 대응할 수 있는 감정공부가 필요하다. 감정은 단순히 기분의 문제가 아니라 소통의 핵심이다."고 말했다. 또한 그는 "당신이 주위사람들의 감정을 읽고 현명하게 대응하는 감정소통 능력을 갖춘다면 원하는 목표를 더 빨리 성취할 것이다. 당신이 소통의 스킬을 갖게 된다면 다른 사람들의 능력을 마치 당신의 것처럼 사용할 수 있다."고 말했다. 결국 회사생활의 성공은 일에 대한 실력뿐만 아니라 인간관계를 어떻게 맺고 활용하느냐에 달려 있다. 이를 위해서는 나와 다른 사람의 감정을 잘 이해하고 효과적인 소통을 할 수 있는 고난도의 스킬이 필요하다. 특히 인간관계가 힘들어질 때 내가 최대한 상처받지 않고 나를 지킬 수 있는 내공이 필요하다.

문제는 인간관계에 대한 해결책이라는 것이 사람마다 처한 환경에 따라 모두 다르다는 점에 있다. 부하를 괴롭히는 상사의 유형을 아마 그 수로 헤아린다면 100가지도 넘을 것이다. 직장에서 감정을 힘들게 하는 사람들의 유형을 체계적으로 분류하여 이들에 대한 해결책을 제시하는 비법이 있다면 얼마나 좋을까? 하지만 현실 속의 우리는 현장에서 직접 사람들을 만나 부딪치고 경험하여 스스로의 돌파구를 찾아야 한다. 누군가의 조언이 도움은 될 수 있지만, 결국 스스로 나만의 방식을 찾아야 하는 것이다.

다만 한 가지 명심할 점은 직장사람들과의 관계가 힘들어 해결책을 고민할 때, 우리의 1순위는 언제나 반드시 우리 자신이어야 한다는 것이다. 남을 위해 나를 희생하지 말라는 말이다. 내가 남을 위해 희생하고 혼자 끙끙 앓아봤자 남은 전혀 모르기 때문이다. 내가 나를 지킬 수 있다는 전제하에 사람들과의 관계를 현명하게 풀어나가야 한다. 물론 불편한 상대방에게 최소한의 예의는 지켜야겠지만, 그저 상대방에게 잘 보이고 엇나간 관계를 회복하기 위해 나의 마음을 다치면서까지 애쓸 필요는 없다는 말이다. 또한 모든 사람과 잘 지내면 이상적이겠지만 현실에서는 쉽지 않은 이야기다. 마음이 불편한 사람들과는 그저 적당한 거리를 유지하면서 가까이 다가가지 않는 것도 방법일 수 있다. 반면에 단 한 명이라도 나를 이해하고 내 편이 되어주는 직장동료가 곁에 있다면, 직장생활에 많은 위로가 될 수 있다. 결국 사람이 문제고 사람이 해결책인 것이 직장사람들과의 오묘한 현실이다.

직장인들의 삶과 애환을 현실적으로 담아 한때 폭발적인 인기를 드렸던 드라마 〈미생〉에는 이런 구절이 나온다. "뭔가 하고 싶다면 일단 너만 생각해, 모두를 만족시키는 선택은 없어. 그리고 그 선택에 책임을 져라." 직장사람들과의 문제로 마음이 불편할 때, 어떤 선택을 할지는 당신의 몫이다. 다만 그 해결책의 중심에 언제나 당신 자신을 가장 먼저 둘 것을 바란다. 언제나 1순위는 우리 자신이어야 하기 때문이다.

💡 프로를 위한 팁

직장사람들의 인간관계에 대하여 이렇게 생각하기!

❶ 성공적인 직장생활의 8할은 인간관계에 달려 있다. 실력도 중요하지만 인간관계를 어떻게 맺고 유지하느냐에 성패가 달려 있다.

❷ 결국 사람이 문제다. 하지만 해결책은 각자도생이라는 현실. 그렇지만 명심하자. 언제나 1순위는 나 자신이어야 함을.

chapter 18

사내 인맥을 잘 만들려면 ─────────

직장동료하고만 놀면 우물 안 개구리가 된다며 회사 바깥으로만 도는 사람들이 종종 있다. 하지만 직장인들은 하루의 대부분을 회사 사람들과 보내기 때문에, 회사 밖의 인맥을 만드는 노력만큼 사내 인맥을 만들기 위해 노력해야 한다. 사내 인맥은 왜 필요할까? 사내 인맥이 많으면 업무를 보다 수월하고 효율적으로 처리할 수 있다. 사내인맥을 통해 다양한 정보를 접할 수 있고, 보직 이동이나 이직 기회도 남들보다 빠르게 잡을 수 있다. 뿐만 아니라 회사에서 속상한 일이 있을 때 허심탄회하게 대화할 수 있는 동료가 곁에 있으면 회사생활을 즐겁게 할 수 있다. 일 잘하는 사람들은 사내 인맥을 만들고 관리하는 데 많은 노력을 기울인다. 그들은 일이란 혼자 할 수 없는 것을 잘 알기에, 평소 회사사람들과 돈독한 인간관계를 맺고 서로 도움이 필요할 때 인맥을 적절히 활용하는 방법을 잘 알고 있다. 이렇듯 중요한 사내 인맥을 만들려면 어떻게 해야 할까?

사내 인맥의 첫 발판은 먼저 입사 동기들에서부터 출발하자. 특히 신입사원에게 입사 동기는 직장생활을 함께할 든든한 우군이자 평생 친구로 만들 수 있다. 요즘은 신입교육이 끝나자마자 바로 단톡방을 만들어 현업에 복귀해도 계속 친밀하게 지내는 신입사원들을 많이 봤다. 친한 입사 동기가 있으면 동기의 부서 사람들과도 자연스럽게 만날 기회가 많기 때문에, 입사 동기는 사내 인맥을 형성하는 기초가 된다.

다음으로 상사를 공략해야 한다. 직장상사는 이미 사내 다양한 인적 네트워크를 구축해둔 사람이다. 상사를 무조건 어려워하거나 부담스러워 말고, 가끔은 먼저 다가가 도움의 손길을 청해보자. 부하 직원이 도움을 요청했을 때 이를 거절할 상사는 없다. 일단 상사와 돈독한 인간관계를 맺어두면, 상사는 당신에게 사내 여러 사람들을 소개시켜줄 것이다. 이를 통해 자연스럽게 상사의 인맥을 당신의 인맥으로 확장시킬 수 있다.

셋째, 본인 PR도 사내 인맥을 넓히는 데 많은 도움이 된다. 아무리 회사를 오래 다녀도 '어, 우리 회사에 저런 친구가 있었어?'라는 소리를 듣는 직장인들이 의외로 많다. 회사마다 사내 방송이나 사보 혹은 사내 소셜미디어 등에 직원을 소개하는 경우가 많다. 사내 미디어 채널을 적절히 활용하여 본인이 누구이고 어떤 일을 하는지 등을 꾸준히 홍보하면 좋다. 또한 체육대회, 송년회 등 사내 행사에 적극 참여하는 것도 좋은 방법이다. 가끔 행사 준비를 위해 여러 부서에 지원팀을 요청하는 경우, 대부분은 본인 업무가 바쁘다며 이를 거절하는 사람들이 많다. 하지만 이는 평소 업무적으로 만나기 어려운 타 부서 사람들을 만날 수 있는 절호의 기회이므로, 적극적으로 회사 프로젝트나 행사 준비 팀에 참여하는 게 좋다. 이를 통해 회사 내에서 본인을 적극적으로 피력하여 존재감을 높이고, 타 부서 직원들과도 자연스럽게 친해져 사내 인맥을 늘릴 수 있다.

넷째, 사내 인맥을 만들려면 어쨌든 회사사람들과 자주 만나야 한다. 하지만 일하기 바쁜 직장인들에게는 자유시간이 많지 않다. 자연스럽게 사내 인맥을 만드는 데 점심시간만큼 좋은 시간이 없다. 특히 요즘 MZ 세대들은 저녁 회식을 기피 1순위로 꼽기 때문에, 서로 부담 없이 대화할 수 있는 점심시간을 잘 공략하면 좋다. 비록 한 시간의 짧은 시간이지만 평소 회사 내 친하고 싶은 사람이 있다면 점심을 함께 먹자고 청해보자. 특히 점심을 매번 부서 사람들하고만 먹는 직장인들이 많은데, 사내 인맥을 넓히려면 가급적 다양한 부서의 사람들과 돌아가며 점심식사를 하는 것이 좋다.

다섯째, 회사의 공식 멘토링을 적극적으로 활용해보자. 멘토링은 멘토와 멘티가 정기적으로 만나 회사생활이나 경력개발에 필요한 조언과 피드백을 제공하는 회사의 공식 인력 계발 프로그램이다. 회사는 보통 3~6개월 정도의 1:1 멘토링을 제공하는데, 멘토로 혹은 멘티로 한 번 관계를 맺으면 멘토링 기간이 끝난 후에도 계속 좋은 인연을 이어나가는 경우가 많다. 이로 인해 많은 멘티들이 경험 많은 사내 멘토의 조언뿐만 아니라 그들과의 네트워크 구축을 위해 멘토링을 신청하기도 한다. 최근 많은 기업들이 직원의 업무 만족도를 높이고 이직률을 줄이기 위해 멘토링 프로그램을 도입하고 있으니, 멘토링 프로그램에 참여하여 본인의 역량을 강화하고 다양한 사내 인맥을 구축하도록 하자.

끝으로 과유불급過猶不及**이란 말이 있다. 지나치면 도리어 안한 것만 못하다는 뜻이다.** 인맥에도 과유불급이 적용된다. 사내 인맥 관리에도 어느 정도 적정선이 필요하다. 인맥을 만드는 데는 많은 시간과 노력이 필요하다. 지나치게 인맥 만들기에만 올인하면 자칫 직장생활의 균형이 깨질 수 있다. 직장생활의 우선순위는 무엇보다 맡은 업무를 완벽하게 처리하는 것에 있어야 한다. 사내 인맥을 만든다며 업무를 등한시한다면, 동료들은 '일도 제대로 안 하면서 높은 사람들만 쫓아다니는 기회주의자'라고 당신을 험담할 수 있다. 또한 그저 일방적인 도움을 받기 위해, 혹은 나의 처세를 위해 동료들에게 다가간다면 당신의 얄팍한 속내는 금방 드러날 것이다. 직장사람들은 안다. 당신이 어떤 의도가 있어 그들에게 접근하는지, 혹은 인간적으로 끌려 만나는지를. 따라서 인맥을 절대 양적으로 접근하지 말자. 정치를 나갈 생각이 아니라면 말이다. 회사 내 단 몇 명만이라도 평소 좋은 관계를 맺어두자. 그들과 좋은 만남을 이어가다 보면 자연스럽게 그들은 당신의 인맥이 될 것이고, 당신에게 좋은 일이 있을 때 함께 축하해주고, 어려움에 처할 때 손을 내밀어 당신을 지지할 것이다. 당신이 그들에게 해주었던 것처럼.

프로를 위한 팁

사내 인맥에 대해 명심해야 할 생각

❶ 일은 함께하는 것이다. 평소에 직장동료들과 돈독한 인간관계를 맺어두어야 한다.

❷ 사내 인맥에도 기브 앤 테이크가 필요하다. 정보나 처세만을 위한 인맥 쌓기는 오래 가지 않는다.

chapter 19

피할 수 없는 또라이를
대처하는 나만의 방식

또라이 질량보존의 법칙을 들어봤는가? 어느 회사에나 일정량의 무능력자, 아첨꾼, 자뻑이, 괴팍이 등의 일명 '또라이'가 존재한다는 법칙이다. 또라이를 피해 회사를 옮기면 그곳에는 또 다른 또라이가 있다. 혹은 정작 본인은 모르지만 남들이 나를 또라이라고 생각할 수 있다. 안타깝게도 또라이는 회사 어디에나 있다.

물론 이들과 회사에서 같이 일하는 건 고역 그 자체다. 최대한 그들과 마주치지 않고 싶겠지만 피해봐야 소용없다. 어쩔 수 없이 또라이와 함께 일하는 것이 직장인들의 숙명이니까. 단지 그들을 어떻게 대처해야 내가 덜 상처받고 마음 편하게 일할 수 있느냐의 문제일 뿐.

나 또한 직장생활에서 숱한 또라이들을 만나봤다. 세상에서 자기만 제일 잘난 사람, 아무 때나 반말하고 화내는 사람, 거짓말하는 사람, 동료들을 이간질시키는 사람, 입만 열면 남 욕하는 사람 등등 …. 이런 사람들과 일할 때는 함께 있는 그 자체가 스트레스다. 그들은 에너지 뱀파이어처럼 나의 좋은 기운을 쏙쏙 빼앗아간다. 이런 사람들과 미팅하고 자리에 돌아오면, 뭔가 당한 기분에 분하고 억울해서 속이 부글거린다. 하지만 그들 때문에 상처받고 힘들어 봤자 나만 손해다.

그동안 숱한 경험을 통해 그나마 덜 상처받으며 또라이를 대처하는 나만의 몇 가지 방법을 소개한다.

먼저, 그들을 나와 다른 그저 무례하고 재수 없는 사람일 뿐이라고 생각하자. 또라이들의 행동에는 어떤 이유도 논리도 없다. 안타깝지만 싫으나 좋으나 어차피 같이 일해야 할 사람이 또라이라면, 그냥 인정하는 것이 우선이다. 피할 수 없으면 즐기라는 말이 있지만, 이 경우에는 피할 수 없으면 그냥 인정하고 받아들이라고 말하고 싶다. 내 상식과 관점으로는 도저히 그들의 말과 행동을 이해할 수 없다는 거 잘 안다. 하지만 어차피 앞으로 같이 일해야 할 사람이다. 일단은 그냥 저 사람은 또라이, 딱 거기에서 생각을 멈추자.

둘째, 그들을 바꾸려고 노력하지 말자. 사람과의 갈등은 다른 사람의 태도나 행동을 내 기준에서 비판하고, 옳다고 생각하지 않기 때문에 생겨난다. 하지만 우리는 절대 다른 사람을 바꿀 수 없다. 하물며 직장 내 누구나 인정하는 또라이를 내 맘에 들지 않는다고 바꾸려 했다가는 더 큰 대형 참사가 기다릴 수 있다. 또라이는 그냥 건드리지 않는 게 상책이니, 욱하는 마음이 들어도 용무가 끝나는 대로 바로 뒤돌아서면 된다. 또라이들은 자기가 또라이라는 사실을 전혀 모른다. 그저 순간순간 그렇게 말하고 행동할 뿐이다. 그들의 입장에서는 다른 사람이 본인 때문에 속상하고 힘들어하는 건 그들이 나약하고 못나서 그럴 뿐이다.

따라서 그들의 비상식적인 말과 행동을 곱씹어봤자 나만 피곤하다. 어떻게든 해결책을 찾겠다며 그들의 말이나 행동을 바꾸려고 들이대봤자 결국 내 정신건강만 해치므로, 오히려 그들 곁에서 최대한 떨어져 있으면서 불편한 상황이 지나가기를 기다리는 것이 상책이다.

마지막으로 아무리 화가 나더라도 그들에게 절대 복수할 생각은 하지 말자. 데일 카네기는 그의 저서 《자기관리론》에서, "복수는 남의 것으로 여겨라. 사람의 과오는 운명이 판단해주리라. 그러니 굳이 당신이 나서서 상대를 벌할 필요는 없다. 화내고 다투고 원망하고 질책할 시간과 정력을 보다 가치 있고 의미 있는 일에 쏟아부어라."

라고 말했다.

남을 괴롭히는 사람은 언젠가는 벌을 받는다. 직장생활에서 남을 괴롭히는 사람치고 오래가는 사람은 거의 보지 못했다. 일을 하다 갑자기 또라이에게 당하면 똑같이 되갚아주고 싶은 게 인지상정이다. 하지만 눈에는 눈, 이에는 이는 또라이에게 만큼은 절대 하지 말아야 할 행동이다. 그런 생각을 하는 것 자체가 피곤하고 힘들기 때문이다. 또한 내가 직접 또라이에게 복수하지 않아도, 결국 하늘이 그들을 복수하는 것을 자주 봤다. 그럴 때면 아직 정의는 살아 있다는 것을 다시 한 번 실감한다. 아무리 화가 나더라고 또라이에 대한 복수는 나의 것이 아님을 명심하자.

직장 내 또라이는 최대한 피하는 게 상책이다. 하지만 피할 수 없는 또라이를 대처해야 한다면, 일단 마음을 비우고 그들을 또라이라고 인정해버리자. 그들의 비상식적인 말과 행동을 이해하거나 바꾸려고 노력할 필요도 전혀 없다. 어차피 그들이 어떤 논리가 있어 몰상식적으로 행동하는 게 아니기 때문에, 그냥 '당신은 마음이 아픈 사람이다.'라고 그들을 측은히 생각하고, 그들의 말과 행동에 최대한 둔감해지려 노력하자.

그래도 세상이 공평한 이유는 대부분 직장 내 또라이의 유효기간이 그리 길지 않다는 점이다. 본인이 정작 본인 화에 북받쳐 제 발로 걸어 나가거나, 혹은 다른 사람들을 괴롭힌 대가로 어떻게든 벌을 받게 되어 있다. 지금 직장 내 또라이 때문에 속이 부글부글 하다면, 부디 이 글을 통해 조금이라도 위안을 얻기 바란다.

프로를 위한 팁

직장 내 또라이는 최대한 피하는 게 상책이다.
하지만 그래도 그들과 함께 일해야 한다면 이렇게 생각하기

❶ 또라이라고 인정하고 그들의 말과 행동에 최대한 둔감해지자.
❷ 또라이에게 당해서 화가 나더라도 절대 그들에게 앙갚음을 하지
  말자. 복수는 나의 것이 아닌 하늘의 것이다.
❸ 또라이들의 유효기간은 길지 않다.

chapter 20

상처를 주는 말에
대처하는 프로의 자세

    직장 5년 차 시절, 내가 속한 마케팅팀은 영업팀과 가깝게 할 일이 많았다. 영업팀 오 차장은 매사 적극적인 태도와 깔끔한 일 처리로 주위에서 많은 인정을 받고 있었다. 다만 그는 말을 다소 직선적으로 하는 편이라, 마음이 여린 동료들은 간혹 그의 말에 상처를 입고는 했다. 어느 날, 오 차장이 다음 달 출시 예정인 제품 브로슈어 시안에 수정이 필요하다며 우리 팀에 급히 미팅을 요청했다. 마침 마케팅 팀장이 외근이라 나 혼자 회의실에 들어갔다. 오 차장은 수정이 필요한 내용을 간단히 설명하였고, 나는 노트에 열심히 메모를 했다. 그런데 회의를 마치면서 오 차장은 싱긋 웃더니 "필기하느라 손 안 아파? 간단한 내용인데 뭘 그리 자세히 적어."라고 말하며 회의실을 나갔다. 나는 순간 얼굴이 빨개졌다. 그냥 하는 말이라고 지나치기에는 뭔가 기분이 석연치 않았다. '내가 간단한 내용까지 필기하는 게 이상하다는 거야? 아님 지금 나를 비웃는 건가?'

나는 그의 말이 불쾌했고 며칠을 혼자 이런저런 생각을 하며 한껏 심각해 있었다. 하지만 그 후에도 나의 이런 불편한 마음과는 상관없이 오 차장은 아무 일 없다는 듯 나를 대했다. 본인이 무슨 말을 했는지 기억조차 못 하는 눈치였고, 나는 그의 모습에 더욱 허탈감을 느꼈다. 나는 정작 본인도 기억하지 못하는 의미 없는 말을 붙들며 왜 혼자 고민 하고 스스로를 괴롭혔을까?

누구나 직장사람들의 시선과 말 한마디에 상처받은 경험이 있을 것이다. '나는 반갑게 인사했는데 왜 저분은 나를 쳐다보지도 않고 건성으로 인사를 받지? 나한테 뭐 기분 나쁜 일이 있나?' '내가 이런 말을 하면 팀장님은 어떻게 생각할까?' '미팅에서 내가 무슨 말실수를 했나? 왜 저 친구는 저런 표정을 짓지?' 등등…. 남의 시선 때문에 우리가 직장생활이 피곤한 이유는 다른 사람들의 말과 행동에 불필요한 의미를 자꾸 부여하기 때문이다.

점심시간 직장동료가 별생각 없이 던진 말 한마디에 '저 사람은 나에 대해 이렇게 생각하나?'라며 스스로 온갖 부정적인 추측과 상상을 한다. 이런 생각이 꼬리에 꼬리를 물다 보면, '왜 그랬을까?'라는 질문으로 그들의 말과 행동을 무한반복 재생한다. 이러한 고민은 결국 '나한테 문제가 있나?' 하는 스스로에 대한 자책과 비난으로 귀결되고, 이런 일이 반복되면 더욱 남들의 눈치를 보는 악순환이 계속된다. 정작 직장동료는 본인이 그런 말을 했는지 기억 못 하는 경우가 허다한데도 말이다. 직장생활에서 가장 의미 없는 일 중의 하나가 직장사람들의 시선을 의식하느라 혹은 정작 상대방은 기억도 못 하는 말과 행동을 내 기준으로 해석하고 고민하느라 스스로를 자책하며 시간을 낭비하는 것이다. 왜냐하면 그들이 무심코 던진 말 한마디 행동 하나하나에 딱히 별다른 뜻이나 의미가 없는 경우가 많기 때문이다.

직장사람들의 시선에서 어느 정도 자유롭기 위해서는 서로 적당한 거리를 유지하고 둔해질 필요가 있다. 그들의 말과 행동에 예민하게 반응하지 말고 적당히 무심해지기 위해 노력해보자. 물론 그들을 무시하라는 얘기는 절대 아니다. 다만 상대방의 말과 행동에 조금 무심하고 둔한 것이 불필요한 고민과 자책에서 해방될 수 있는 방법이기 때문이다. 누가 툭 하고 던진 말에 그냥 "어, 그래." 하고 쿨하게 넘어가도 아무 일도 일어나지 않는다. 또는 누가 내 의견에 반대를 하면 그 자리에서 불쾌한 표정을 짓지 말고, 그냥 "아, 그렇게 생각할 수도 있겠네요."라며 적당히 대응하는 것이 가끔은 편할 때도 있다. 직장사람들의 말 한마디 행동 하나하나에 모든 의미를 부여했다가는 하루도 직장생활을 편안하게 할 수 없을 것이다.

우리가 직장생활에서 의미 없는 상대방의 시선에 목매는 이유는 그들에게 좋은 사람이 되고 싶고 그들에게 인정받고 싶은 욕심 때문이다. 누구나 욕심이 생기면 불안해지고, 불안하면 나 자신이 아닌 다른 사람이 생각하는 내 모습에 더욱 집착하게 된다. '저 사람이 나를 이렇게 생각하면 어떡하지?'라는 생각에 사로잡히면, 불안한 마음에 한 걸음도 나아갈 수 없다. 물론 사회적 동물인 인간이 남의 시선을 전혀 의식하지 않고 사는 것은 불가능하다. 그리고 어느 정도는 상대방을 배려하고 서로의 다른 시각과 관점을 존중하며 일해야 한다. 하지만 남의 시선을 지나치게 의식한 나머지, 자신의 의지와 상관없이 생각하고 일한다면 문제가 된다. 직장생활에서 누구에게나 좋은 사람이 되기 위해 원하지도 않는 일을 억지로 할 필요가 있을까? 우리가 모든 사람에게 인정받고 좋은 사람이 되는 것은 애당초 불가능한 일이다. 남들의 시선과 관심을 먹고 사는 연예인이나 정치인이 아닌 이상 남들에게 좋은 사람이 되려고 너무 애쓸 필요는 없다.

일 잘하는 사람들은 남의 말을 귀담아듣지만, 남의 시선이나 말에 지나치게 개의치 않는다. 특히 그들에게 상처를 주거나 감정을 상하게 하는 말을 들었을 때 그게 상대방이 어떤 의미로 한 건지 먼저 따져보고, 큰 의미가 없는 말이거나 가벼운 농담이라고 판단되면 툭 털어버릴 수 있는 결단력을 발휘한다. 그들은 언제나 남이 아니라 나 자신에게 초점을 맞추며 일한다. 남이 좋아하는 일보다는 자신이 좋아하는 일을 먼저 생각하고, 남의 기준보다는 자신의 기준으로 자신감 있게 일한다. 《프레즌스》의 저자 에이미 커디는 "다른 사람에게 비칠 자기 이미지에 초점을 맞추기보다는 자기 자신에게 비칠 자기 이미지에 초점을 맞춰라."라고 말했다. 상대방의 시선을 지나치게 의식하지 말고, 내가 나 자신을 어떻게 보는지를 더 의식해야 한다는 말이다.

나만 바라보고 일하기에도 빠듯한 세상이다. 함께 일하는 직장사람들을 배려할 필요는 있지만, 그들의 눈치를 볼 필요는 없다. 일하는 데 있어 가장 중요한 것은 내 생각과 내 관점이기 때문이다. 일 잘하는 사람들은 반드시 자기만의 일하는 스타일이 있다. 남의 눈치만 보다가는 절대 나만의 스타일로 일할 수 없다. 언제나 상대방의 생각보다는 내 생각을 먼저 확인하고, 남의 시선에 맞춰 일하지 말고 나의 관점에서 나만의 방식으로 일해야 한다. 회사는 일 잘하는 사람을 원하지 착하고 좋은 사람을 원하지 않기 때문이다. 이제부터라도 남의 시선에서 당당히 벗어나보자!

 프로를 위한 팁

남의 시선에 대해 명심해야 할 생각

❶ 남의 시선 대신 내가 나를 보는 시선을 의식하자.
❷ 회사는 착한 사람이 아니라 일 잘하는 사람을 원한다.

chapter 21

절대 적을 만들지 말라.
언젠가는 꼭 만나더라

    과장 시절, 이직할 회사의 최종 면접을 마치고 초조하게 결과를 기다리고 있었다. 내 딴에는 면접도 잘했고 면접자들도 나를 마음에 들어하는 눈치였다. 나는 혼자 들떠서 다니던 회사에 이직 사실을 언제 전달할지, 그리고 이 말에 상사의 표정은 어떨지 끝없는 상상의 나래를 펼쳤다. 하지만 최종 면접을 한 지 일주일이 지나도 회사에서는 아무런 연락이 오지 않았다. 나는 답답한 마음에 인사팀에 전화를 걸어 합격 여부를 문의하였다. 담당자는 잠시 머뭇거리더니 "죄송하지만, 이번에 최종 면접에는 다른 분이 합격되셨습니다. 저희가 서류는 잘 간직하고 있다가 다음에 좋은 기회가 있으면 다시 연락드리겠습니다."라고 말하는 것이 아닌가. 그야말로 청천벽력, 나는 결과를 받아들일 수 없었다. 그렇게 면접에서 합격 신호를 보낼 때는 언제고 이렇게 불합격이라니….

　몇 년이 지나서야 나는 우연히 그 회사사람을 통해 나의 불합격 사유를 듣게 되었다. 그 말인즉슨 면접 피드백은 나쁘지 않았는데 면접 후 진행되는 레퍼런스 체크_{회사 측에서 면접 본 후보자의 이전 근무 회사} _{직원들에게 연락하여 후보자의 평판을 조회하는 것}에서 지금 다니는 회사 동료 하나가 나에 대해 부정적인 피드백을 한 게 탈락의 이유였다고 한다. 어떤 동료였는지 이름까지는 알 수 없었지만, 분명히 회사에서 나와 관계가 좋지 않은 사람 중에 한 명이었음은 분명하다. 그때 처음으로 진정한 현타가 왔다. 아, 회사사람들하고는 절대 적을 만들면 안 되는구나….

　회사는 다양한 성향의 사람들이 모여 서로 다른 이해관계를 가진 채 함께 일하는 곳이다. 상사는 상사대로, 부하직원은 부하직원대로 서로에 대해 도무지 이해 안 되는 것투성이다. 지나치게 예민해 사사건건 시비를 거는 사람도 있고, 매사 별로 중요한 일 아니라며 성의 없는 태도로 일하는 사람도 있다. 어디 이뿐인가. 무슨 말만 하면 화부터 내는 사람이 있는가 하면, 이 일은 내 일이 아니라며 시작하기도 전에 선부터 긋는 사람도 있다. 각양각색, 천차만별인 사람들과 매일 다양한 업무로 부딪치며 일하는 직장인에게 일 자체보다는 함께 일하는 사람들 때문에 힘든 경우가 많다. 이런 직장생활에서 내가 도무지 이해할 수도, 좋아할 수도 없는 적들은 어쩌면 필연적으로 생길 수밖에 없다.

하지만 성공적인 직장생활을 위해 반드시 유념해야 할 사실 한 가지가 있다. 설사 회사 내 적이 생기더라도, 절대 나의 적을 세상에 공표하는 어리석은 짓은 하지 말아야 한다. 나의 적을 공공연히 직장 사람들 앞에서 비판하고 비난하는 행위 말이다. 우리는 다른 사람을 스스로의 관점에서 바라보고 판단한다. 때문에 같은 사람도 그들을 바라보는 시선에 따라 전혀 다른 모습으로 이해될 수 있다. 설령 당신에게는 진정한 또라이 그 이상도 이하도 아닌 옆 부서 팀장도 본인 부서에서는 부하직원을 배려하는 좋은 상사일 수 있고, 가정에서는 그 누구보다 자상하고 따뜻한 아빠 혹은 엄마일 수도 있다. 나와 다르다고 또는 내가 옳다는 것을 증명하기 위해 사람들 앞에서 싫어하는 사람의 단점에 대해 비난하고 지적하는 일은 사실 자폭행위나 다름없다. 내가 하는 상대방에 대한 욕은 언젠가는 상대방의 귀에 들어갈 수밖에 없고, 결국 그 비난의 화살은 나에게 어떤 형태로든 반드시 돌아오게 마련이다.

데일 카네기는 그의 저서 《인간관계론》에서, "비판은 쓸데없는 짓이다. 왜냐하면 비판은 다른 사람으로 하여금 스스로를 방어하도록 만들고 자신을 정당화하기 위해 안간힘을 쓰게 만들기 때문이다. 또한 비판은 위험한 일이다. 왜냐하면 비판은 사람들의 소중한 자존심에 상처를 입히고, 자신의 가치에 대해 회의를 갖게 하며 원한만 불러일으키기 때문이다. 비난은 언제나 다시 돌아온다. 우리가 바로잡아 주고 싶거나 비난하려는 사람은 스스로를 정당화할 뿐만 아니라 오히려 거꾸로 우리에게 비난을 퍼부을 것이라는 점을 명심해야 한다."고 말했다.

직장생활에서는 가급적 적을 만들지 않는 것이 좋다. 물론 일하다 보면 정말 꼴 보기 싫고 미운 사람이 생길 수 있다. 하지만 회사 내 그런 사람이 생긴다면 일단 서로의 다름을 인정하고 불편한 감정을 해결하기 위해 노력하는 것이 좋다. 또는 이도저도 안 되는 경우라면 그저 적당한 거리를 유지하며 불편한 상황을 피하려 노력하는 것이 최선이다. 다만 내가 언제나 옳고 정당하다며 사람들에게 상대방을 욕하거나 비난하는 행동은 오히려 나의 미숙함을 만천하에 들어내는 것 밖에 되지 않는다. 또한 직장상사나 동료가 맘에 들지 않는다며, "내가 당신들 꼴 보기 싫어 이 회사 나간다!"며 주위에 그들에 대한 온갖 욕을 다하고 퇴사를 했다고 치자. 물론 욕하는 그 순간만큼은 속이 잠시 시원할 수는 있겠다. 하지만 안타깝게도 당신은 언젠가는 생각지도 못한 곳에서 그들을 만날 수 있으며, 그때는 정말 쥐구멍을 찾고 싶을 것이다. 혹은 그 당사자가 아니어도 당사자와 친분이 있는 사람을 다른 회사에서 만날 수도 있다. 이런 경우 그 사람은 당신이 수없이 욕한 상대방을 통해 어쩔 수 없이 당신에 대해 좋지 않은 선입견을 가질 수밖에 없다.

촘촘히 연결된 세상이다. 세상은 생각보다 넓지 않다. 세상 모든 사람들이 여섯 단계만 거치면 모두 아는 사람이라고 하지 않던가. 사회생활에서는 굳이 여섯 단계까지 가지 않고도 한두 다리만 건너도 아는 사람인 경우가 많다. 지금도 가끔 회사 밖의 모임이나 행사에서 처음 만난 사람과 얘기를 주고받다가 "아, 제가 아는 그분이 대학 선(후)배(혹은 예전 직장동료)이시군요? 그분과 아시는 분이라니 정말 세상 참 좁아요."라는 말을 자주 한다. 그리고는 서로 "정말 착하게 살아야 해요."라며 멋쩍은 웃음을 주고받는다. 맞다. 정말 착하게 살아야 한다. 또한 그 이면에는 사회생활에서 적은 절대 만들지 말아야 한다는 일종의 암묵적인 합의가 내포되어 있다. 오늘 내가 만든 적, 언젠가는 반드시 만나게 마련이다. 그러니 정말 착하게 살자. 직장생활의 평화와 안정을 위해.

 프로를 위한 팁

사회생활에서 절대 적을 만들면 안 된다. 언젠가는 반드시 만나게 되어 있다.
회사에서 불편한 사람이 생겼을 때 이렇게 생각하기
❶ 먼저 불편한 감정을 해결하기 위해 서로 노력하거나 혹은 적당한 거리를 유지하며 불편한 상황을 피해야 한다.
❷ 아무리 싫어도 불편한 사람을 욕하고 다니지는 말아야 한다. 적을 만들어봤자 자신에게 좋을 일은 하나도 없다.

PART

7

생각법칙 6

리더십, 책에서
배우지 말고
현장에서 배워라

chapter 22

이 시대 진정한
상사의 모습은

직장인들은 회사에서 존경받는 상사이자 훌륭한 리더가 되길 꿈
꾼다. 나는 30대 초반부터 팀원들과 일해오고 있다. 성격 급하고 직
선적이고 일 욕심 많은 나 같은 상사와 일하는 게 팀원들에게는 녹
록지 않을 것이다. 물론 겉으로 차갑고 강한 모습과는 달리 여린 내
속마음을 이해하는 직원들도 있지만, 반면에 끝이 안 좋게 헤어진 직
원들도 있다. 팀원들과 갈등이 있을 때마다 이런저런 노력을 기울였
지만, 가끔 내 맘을 몰라주고 오해하는 팀원들 때문에 속상한 적도
많았다. 지금도 '내가 좋은 상사인가?'라는 질문에 쉽게 예스라는 답
은 나오지 않는다. 아직도 스스로 부족한 점이 많기도 하거니와, 부
하직원들에게 높은 성과를 요구하면서 동시에 그들과 좋은 인간관

계를 맺는 것이 절대 녹록지 않기 때문이다. 과연 이 시대 진정한 상사의 모습은 무엇일까? 일 잘하는 사람들을 보면, 그들은 대부분 훌륭한 리더십을 보유하고 있다. 또한 그들의 리더십에는 몇 가지 공통점이 있다.

먼저, 일 잘하는 사람들은 전문 분야에 대한 출중한 실력들을 갖추고 있다. 스스로가 일 잘하고 실력이 있기 때문에 팀원들에게도 당당히 높은 성과를 요구할 수 있다. 부하직원들은 성격 좋지만 무능한 상사보다는 조금 까칠해도 실력 있고 일 잘하는 상사를 선호한다. 직원들이 가장 싫어하는 상사 유형은 머리 나쁜 상사가 부지런한 경우다. 이런 상사는 직원들에게 많은 일들을 시키지만 대부분 비효율적인 업무들이 많다. 유능하고 존경받는 상사가 되려면 가장 먼저 본인 스스로가 다양한 업무 지식과 현장 경험을 통해 실력을 갖추어야 한다. 특히 요즘 MZ 세대들은 배울 게 없는 상사 곁에는 절대 오래 머무르지 않는다. 아무리 회사가 좋고 월급이 많아도 말이다.

둘째, 일 잘하는 상사들은 항상 말과 행동을 일치한다. 직원들은 상사의 말보다는 그들의 행동을 통해 배운다. 포시즌 호텔의 창업자인 이사도어 샤프는 "행동은 말보다 훨씬 크게, 훨씬 명확하게 말한다. 직원은 상사의 타고난 관찰자이다. 상사들이 말하고 행동하는 모든 것들이 직원들에게 그들의 진짜 관심사, 목표, 우선 사항, 그리고 가치관이 무엇인지를 간접적으로 가르쳐주고, 이는 놀랄 만큼 빠르게 조직에 전파된다."고 말했다. 말만 앞서고 행동이 뒤따르지 않는 상사를 어떤 직원들이 존경하겠는가? 상사가 매일 5분, 10분 지각하는 팀을 보면 대부분 팀원들도 지각을 자주 한다. 상사가 말과 행동을 일치시키고 모든 일에 솔선수범을 보일 때만이 직원들에게 존경 받을 수 있음을 잊지 말자.

셋째, 일 잘하는 상사들은 부하직원들에게 일에 대한 비전과 목표를 제시하고 그들이 업무에 최선을 다할 수 있는 여건을 만들어준다. 이 과정에서 나를 포함하여 많은 상사들이 착각하는 사실이 하나 있다. 바로 직원들이 변화할 수 있다는 희망이다. 하지만 사람은 절대 고쳐 쓸 수 없다. 초보 상사 시절 나는 직원들을 원하는 방향으로 변화시킬 수 있다고 믿었다. 직원 개개인의 특성과 장점보다는 어떤 업무든 반복하다 보면 언젠가는 잘할 수 있다는 믿음 하나로 일에 맞춰 직원들의 성격을 바꾸려 했다. 덤벙대는 직원에게는 꼼꼼한 문서 작업을 시켜 보고, 소심하고 내성적인 직원에게 행사 진행을 부탁했다. 결과는 어땠을까? 결국 상사는 상사대로 직원은 직원대로 서로가 힘들 뿐이다. 덤벙대는 직원에게 문서 작업이 꼼꼼하지 못하다고 백날 지적해봤자, 절대 상사가 원하는 경지에 오르지 못한다. 오히려 그들에게는 외향적이고 사람을 상대하는 업무가 더 잘 맞을 수 있다. 상사의 역할은 직원을 변화시키는 것이 아니라, 직원들의 적성과 성격에 맞추어 그들을 적재적소에 배치하는 것이다. 일을 위해 무모하게 직원들의 성격을 바꾸려 하지 말고, 그들에게 적합한 일을 찾아 적절하게 배치하는 것이 상사의 진정한 역할인 것이다.

마지막으로 일 잘하는 상사들은 부하 직원에게 최대한 업무를 위임한다. 직장에서 가장 중요한 덕목은 서로에 대한 신뢰다. 상사가 부하직원을 불신하고 부하직원이 상사를 믿지 못하는 조직에서는 절대 좋은 성과가 나올 수 없다. 특히 코로나바이러스 팬데믹 이후 재택근무가 기업 내 뉴노멀로 정착되고 있다. 상사들은 재택근무로 직원들이 일을 제대로 하는지 알 수 없어, 직원관리가 예전보다 어렵다고 하소연한다. 하지만 놀려고 마음먹은 친구들은 회사에 출근해서도 논다. 예전처럼 하루 종일 얼굴을 맞대며 일하던 시대는 지났다. 일에 있어 시간과 공간의 제약이 없어진 만큼, 서로에 대한 신뢰는 더욱 중요하다. 부하직원들은 상사가 본인을 믿고 업무를 위임할 때 최고의 성과를 만들어낸다. 진정한 상사는 직원들에게 권한과 책임을 위임하여, 그들이 최고의 성과를 달성할 수 있도록 뒤에서 조용히 지지하고 성원한다. 상사는 최대한 부하직원들이 무대에서 스포트라이트를 받을 수 있도록 애써야 한다. 주위에서 부하직원을 칭찬하면 결국 그 공은 자연히 상사 본인에게 돌아가게 마련이다.

롭 무어는 그의 저서 《레버리지》에서 "리더는 직원들에게 비전을 제시하고 자율권을 제공하고 직접 일정을 조정할 수 있도록 해야 한다. 그들이 제대로 일을 수행하지 못하더라도 간섭하거나 중재하고 싶은 충동을 최대한 억제해야 한다. 또한 그들이 문제를 해결할 수 있도록 신뢰하고, 최고의 능력을 발휘할 수 있는 충분한 공간과 자율성을 제공하고 끊임없이 격려하라."고 말했다. 이 시대 진정한 상사의 모습을 가장 적절하게 표현한 문장이 아닐까 싶다. 좋은 상사가 되기 위해서는 직원들에 대한 이해와 배려 및 신뢰가 가장 우선시되어야 한다. 스스로 업무에 대한 실력을 갖추고 말이 아닌 행동을 통해 솔선수범하는 모습을 보여야 한다. 직원들을 변화시키려 하지 말고 그들의 적성과 장점을 고려하여 최적의 업무에 배치하려 애써야 한다. 궁극적으로 부하직원에게 책임과 권한을 위임하여 그들이 스스로 운전석에 앉아 주체적으로 일할 수 있는 분위기를 조성해야 한다. 그들이 무대의 주인공이 될 수 있도록 말이다. 바로 이러한 사람들이 우리가 원하는 이 시대 진정한 상사의 모습이 아닐까?

 프로를 위한 팁

이 시대 진정한 상사가 되기 위해 이렇게 생각하기

❶ 먼저 스스로 실력을 갖추어야 한다.
❷ 직원들은 상사의 말이 아닌 그들의 행동을 통해 배운다.
❸ 상사의 역할은 직원을 적재적소에 배치하는 것이다.
❹ 상사는 신뢰를 바탕으로 최대한 업무를 위임할 수 있어야 한다.

chapter 23

친구 같은 상사가
되고 싶다고

어느 날 나에게 멘토링을 받던 영업팀 윤 차장이 고민이 있다며
나를 찾아왔다. 그는 평소 싹싹하고 밝은 성격으로 팀의 분위기 메이
커 역할을 자처하며 팀원들과 격의 없이 지내는 팀장이었다. 윤 차
장은 직장생활에서 팀원들과의 인간적인 유대감이 가장 중요하다고
믿는 사람이었다. 그는 외근이 없는 날에는 언제나 팀원들과 함께 점
심식사를 했고, 가끔은 저녁 술자리를 만들어 팀원들과 속 깊은 대
화를 하며 그들과 친해지기 위해 노력했다. 한마디로 그는 친구 같은
상사가 되고 싶었다. 하지만 그날 나를 찾아온 윤 차장의 얼굴은 유
난히 어두웠다. 자초지종을 물어보니 그는 팀원들한테 서운하다는
말로 말문을 열었다. 본인은 팀원들에게 편하고 친한 상사로 잘 대

해주려고 애쓰는데, 팀원들은 그런 자신을 달가워하지 않는 눈치라고 말했다. 가끔은 다른 약속이 있다며 본인과의 점심에서 빠지는 팀원도 있고, 어느 날 팀원들끼리만 저녁 회식을 했다는 소식을 우연히 들었을 때는 인간적인 배신감마저 느꼈다고 말했다. 그는 자신의 마음을 몰라주는 팀원들이 야속하다며 하소연했다.

　순간 나는 어떻게 답해야 할지 망설였다. 나도 그처럼 팀원들과의 관계로 속앓이를 많이 했기에 그가 지금 얼마나 속상한지 잘 알기 때문이다. 윤 차장은 팀원들에게 인간적으로 진심을 다했을 것이다. 그럼에도 그의 진심을 받아들이지 않는 팀원들이 서운하고, 이유를 몰라 답답할 것이다. 하지만 팀원들에게 일 잘하고 존경받는 상사는 될 수 있지만, 친구 같은 상사는 불가능하다는 것을 알기에 나는 그에게 단호하게 말했다. "회사는 일하러 오는 곳이지 친구를 만들러 오는 곳이 아니잖아요. 친구 같은 상사는 현실적으로 불가능하죠. 상사는 팀원들과 친구가 될 필요도 없고, 친구가 되어서도 안 됩니다. 둘 사이에는 적당한 거리가 필요해요. 너무 멀지도 너무 가깝지도 않은 거리 말이죠. 그래야 서로 간에 일을 위한 건강한 관계가 만들어지고, 각자의 역할에 더욱 충실해질 수 있습니다." 윤 차장은 내 말을 듣고 깊은 생각에 잠겼다. 그는 "그렇겠네요. 팀원들에게 친구 같은 상사가 되고 싶은 건 제 욕심인 것 같습니다. 다만 팀원들과 적당한 거리를 어떻게 유지해야 할지 좀 더 고민해 보겠습니다. 팀원들과

식사나 회식까지 못 하게 하면, 전 회사 다니는 재미가 없을 것 같아요."라며 겸연쩍게 웃었다.

회사는 일을 위해 모인 공적인 장소다. 상사와 부하직원 간에는 반드시 너무 멀지도 너무 가깝지도 않은 적당한 거리가 필요하다. 상사가 윤 차장처럼 부하직원들과 지나치게 가깝게 지내다 보면 팀 내 위계질서가 무너지고 일할 때 사적인 감정이 들어설 여지가 많다. 반면에 부하직원들과 일정한 거리를 유지하기 위해 그들과 점심식사나 사적인 대화를 일절 하지 않는다고 말하는 상사도 있다. 하지만 상사가 부하직원들과 너무 멀게 지내는 것도 문제다. 부하직원은 상사가 본인에게 관심이 없다고 생각하고, 이로 인해 회사와 조직에 대한 소속감을 갖기 어렵다. 부하직원에 대한 상사의 관심과 배려는 그들을 동기부여 하는 데 있어 매우 중요하기 때문이다.

상사와 부하직원간에는 왜 적당한 거리가 필요할까? 이는 상사의 역할이 부하직원의 역할과 명백히 상이하기 때문이다. 상사의 역할은 부하직원에게 일에 대한 명확한 목표를 제시하고, 그들이 목표 달성을 위해 최고의 성과를 낼 수 있도록 지원하는 것이다. 상사는 평가하는 사람이고 부하직원은 평가를 받는 사람이다. 부하직원이 일을 잘해낼 때야 아무 문제가 없다. 서로 칭찬하고 격려하며 좋은 분위기를 누리면 된다. 다만 일이 잘 안 될 때가 문제다. 상사와 부하직원간의 거리가 중요해지는 시점이다. 상사는 부하직원이 실수를 해서 일을 망쳤을 때 따끔하게 이를 지적하고 실수가 재발하지 않도록 단호하게 말해야 한다. 하지만 상사가 부하직원과 너무 격의 없이 지내는 사이라면 이런 따끔한 지적이 곤혹스러울 수밖에 없다. 상사는 부하직원을 혼내야 하는 상황이 난처하고, 부하직원은 평소와 다른 상사의 모습이 낯설 뿐이다. 서로가 어느 정도 적당한 거리를 유지하고 있다면 부하직원이 일을 잘할 때는 무한한 칭찬과 격려를 할 수 있고, 반면에 실수가 있을 때는 따끔한 지적과 훈수를 둘 수 있다. 서로가 거리를 유지하며 서로의 다른 역할을 이해하고 충실할 때, 그들 간에 건강한 인간관계가 유지될 수 있다.

명심하자. 상사는 부하직원에게 일 잘하는 상사이자 존경받는 상사는 될 수 있지만, 친구 같은 상사는 절대 될 수 없다는 사실을…. 그래서 상사는 언제나 외롭나 보다.

 프로를 위한 팁

친구 같은 상사가 되고 싶은 욕심이 들 때 이렇게 생각하기!

❶ 나와 부하직원들 간의 서로 다른 역할을 인정하고 적당한 거리를 유지하자.

❷ 결국 부하직원들은 일 잘하고 실력 있는 상사를 존경한다. 그들의 관심에 목매지 말고 그들을 성장시키는 데 애를 쓰자.

chapter 24

공정한 평가란 없다.
상사도 사람이니까 ───────────

잭 웰치는 그의 저서 《위대한 승리》에서 리더가 되기 전에는 자기 자신이 성장하는 것이 성공의 핵심이지만 리더가 되면 다른 사람들을 성장시키는 것이 핵심이라며, 그는 리더가 대부분의 시간과 에너지를 투자해야 할 일의 첫 단계로 평가를 꼽았다. 그는 "당신은 평가해야 한다. 적합한 사람이 적합한 직무를 맡고 있는지, 적합한 사람을 지원하고 승진시키고 있는지, 또는 적합하지 않은 사람을 퇴출시키고 있는지 확인해야 한다."고 설명했다.

그만큼 상사는 본인 업무보다는 조직 관리에 더 많은 시간을 투자해야 한다. 상사의 과제는 부하직원의 역량을 강화시켜 그들이 최고의 성과를 달성하여 조직의 역량 구축에 일조하도록 이끌어야 한다. 이를 위해 상사들은 부하직원을 지속적으로 관찰하고 대화하고, 궁극적으로 그들의 업무와 역량을 평가해야 한다.

　회사는 보통 연말이나 연초에 인사평가를 실시한다. 상사와 부하직원은 인사평가를 위해 대략 30분~1시간 정도 마주 앉아 한 해의 업무 성과를 진단하고, 직원의 경력개발에 필요한 사항을 집중적으로 논의한다. 인사평가는 승진이나 월급 인상의 기준이 되기에 부하직원에 대한 인사평가는 최대한 객관적이고 공정해야 한다. 하지만 상사도 사람이기 때문에 부하직원을 평가하는 데 1%의 주관도 섞이지 않았다고 자신 있게 말할 수 있는 상사는 아무도 없을 것이다.

　특히 최근에는 업무 성과뿐만 아니라 역량평가를 같이 진행해야 한다. 업무 성과에 대한 평가는 쉽다. 업무에 대한 목표 달성 여부는 다분히 명확하기 때문이다. 하지만 역량평가는 다르다. 역량이란 직원이 업무를 수행할 수 있는 능력이나 행동 특성을 의미하는데, 역량평가만큼은 상사의 주관적인 의견이 어쩔 수 없이 들어가게 마련이다. 부하직원이 업무에 대한 주인의식과 열정이 있는지, 문제 해결을 위해 적극적으로 노력하는지, 고객 지향적 마인드가 있는지, 우선순위를 정해 업무를 효율적으로 처리하는지, 언제나 새로운 아이디어를 찾는지 등등…. 주인의식, 열정, 고객 마인드와 같은 이런 역량을 어떻게 객관적인 잣대로 평가할 수 있겠는가?

그럼 상사의 평가가 주관적이라고 반기를 들어야 할까? 그렇지 않다. 상사와 부하직원은 인사평가의 한계를 인정하되 기본적으로 서로를 신뢰해야 한다. 무신불립無信不立이라는 사자성어가 있다. 사람에게 신뢰가 없으면 일어설 수 없다는 뜻으로, 인간관계에서 가장 중요한 덕목이 신뢰라는 뜻이다. 이는 직장생활에서도 마찬가지다.

부하직원이 상사를 평소에 존경하고 신뢰한다면 인사평가에서 다소 부정적인 피드백을 받았어도, 부하직원은 '저분이 하는 말이라면 분명히 이유가 있을 거야! 내가 생각하지 못했던 부분을 지적해 주시니 다음에는 더 잘해야지.'라는 생각을 할 것이다. 반면에 평소 상사를 불신하는 부하직원은 인사평가에서 좋은 평가를 받더라도 이를 기뻐하기보다는 오히려 의문을 가질 수 있다. '저 양반이 갑자기 왜 저러지? 혹시 무슨 꿍꿍이속이 있나? 인사고과 좋게 준다는 핑계로 일을 더 시키려고 저러나?'

최근에는 상사들도 360도 평가라고 해서 동료와 부하직원들에게 다면평가를 받게 하는 회사가 늘고 있다. 일 잘하는 상사들은 본인에 대한 부정적인 피드백을 받아도 이를 겸허히 받아들이고 어떻게 본인의 리더십을 개선할지 노력한다. 반면에 못난 상사들은 본인에 대한 부정적인 피드백이 조금만 나와도 답변 내용을 하나하나 분석해서 어떤 직원이 작성했는지를 유추해 그들을 괴롭히기도 한다.

신뢰는 양방향 통행이다. 서로 신뢰를 쌓는 데에는 많은 노력과 시간이 필요하다. 인사평가는 상사나 부하직원 모두에게 다분히 불편한 자리다. 상사와 부하직원 간에 신뢰와 믿음이 우선되어야, 서로에 대한 평가도 진심으로 받아들일 수 있다.

상사가 부하직원의 존경을 받기 위해서는 항상 본인의 말과 행동을 일치하고 부하직원이 업무에 최선을 다할 수 있도록 물심양면으로 지원해야 한다. 부하직원 또한 주어진 업무에 최선을 다해 상사의 신뢰를 얻기 위해 노력해야 한다. 상사에게 '저 사람에게 일을 맡기면 참 든든하다.'라는 믿음을 주어야 한다. 사사건건 상사 지시에 불만을 토로하는 직원 치고 회사에서 잘 나가는 경우는 거의 보지 못했다.

하지만 인사고과에 대한 작은 팁을 한 가지 주고 싶다. 당신이 부하직원이라면 인사고과 기간만큼은 가급적 상사의 심기를 건드리는 행동은 하지 말자. 한 해 열심히 쌓은 공든 탑이 하루아침에 무너질 수도 있기 때문이다. 괜히 평가 기간에 업무 실수로 상사의 심기를 불편하게 만들어 본인이 받을 고과 점수가 한 단계 내려가는 우를 범하지 않도록. 설마 그런 일이 있을까 하고 반문할 수 있지만 반드시 명심하자.

상사도 사람이다. 그러니 인사평가 기간만큼은 업무에 보다 신중을 기해 상사가 나에 대한 인사평가에 있어 불필요한 괘씸죄를 더하

지 않도록 조심할 필요가 있다. 그래서 직장생활은 이래저래 고달픈
가 보다.

 프로를 위한 팁

인사평가에 대한 명심해야 할 생각

❶ 상사도 사람이다. 인사평가는 어차피 주관적일 수밖에 없다.
❷ 상하 간에 평소 신뢰를 쌓아두면 서로에 대한 인사평가를 진솔하
게 받아들일 수 있다.

chapter 25

모두가 상사가
될 필요는 없어 _____

    몇 년 전 독일 본사에서 개최된 미디어 행사에 참석한 적이 있다. 전 세계에서 온 다양한 국적의 기자들로 행사장은 북적였다. 기자들은 발표, 데모 시연, 공장 시찰 등으로 하루 종일 바쁜 일정을 소화해야만 했다. 본사 임원의 프레젠테이션을 듣고 있던 중, 맨 앞줄에 앉아 있는 한 노년의 외국인이 눈에 띄었다. 회사 경영진은 아닌 것 같은데 누구지? 나는 호기심에 옆에 앉은 독일 동료에게 저 백발의 노인이 누구인지 넌지시 물어보았다. 동료의 답은 의외였다. 그는 저명한 독일 언론매체의 시니어 기자로, 우리 회사를 담당하며 기사를 작성해온 지 거의 20년이 넘었다고 한다. 동료는 "저분은 나보다 우리 회사를 더 잘 알아. 나도 회사의 예전 일들에 대해 궁금한 게 있으면 가끔 전화해서 물어보기도 해."라고 웃으며 말했다. 나는 놀라움을 금치 못했다. 한국 같았으면 저 정도 경력이면 보통은 편집장으로 일하며 사무실에 앉아 현장 기자들에게 업무 지시나 하지, 직접 현장을 다니며 취재를 다니지 않기 때문이다. 나는 '저 연세에도 현역으로 저렇게 현장을 누빌 수 있구나.'라는 생각에 신기함을 금할 수 없었다.

그 노년의 독일 기자가 불현듯 떠오른 이유는 요즘 회사에도 이와 비슷한 현상이 일어나기 때문이다. 우리 세대는 열심히 일하고 승진하는 것이 성공한 직장인의 모습이라고 생각했다. 하지만 요즘 젊은 세대의 생각은 조금 다른 듯하다. 물론 여전히 많은 직장인들이 임원을 목표로 열심히 일하지만, 반면에 업무 능력이 출중한데도 자발적으로 상사나 임원 자리를 고사하는 직원들이 점차 늘고 있다.

최근 한 임원과 점심식사를 하다 그의 고민을 우연히 듣게 되었다. 그 임원은 부서 내 한 프로젝트 매니저가 평소 책임감도 강하고 일을 잘해서 항상 그를 눈여겨보았다고 한다. 인사평가 기간이 다가오자 그 임원은 프로젝트 매니저를 불러 팀장 자리를 제안했다고 한다. 부서 내 영향력도 크고 여러 명의 팀원들을 관리하는 소위 임원으로 갈 수 있는 꿀보직 자리였다고 한다. 그 임원은 당연히 프로젝트 매니저가 기뻐하며 본인의 제안을 감사히 수락할 것을 기대했으나, 오히려 심각한 표정을 짓는 그의 모습에 순간 당황했다고 한다. 그는 조금 시간을 달라며 자리를 떴다고 한다. 소위 멘붕에 빠진 임원은 좋은 자리를 바로 수락하지 않는 그가 이해되지 않았다.

며칠 후 다시 임원 사무실을 찾은 프로젝트 매니저는 담담히 말했다고 한다. "상무님이 저에게 좋은 기회를 주신 것은 감사하게 생각하고 있습니다. 하지만 저는 팀을 맡고 싶지 않습니다. 팀장이 되면 팀원 관리뿐만 아니라 사내 여러 일에도 많이 관여해야 하는데, 저는 지금 맡은 분야의 전문가로 계속 일하고 싶은 욕심이 있습니다."라며 그 임원의 제안을 일언지하에 거절하더라는 것이다. 결국 그 자리는 다른 사람에게 돌아갔고, 프로젝트 매니저는 지금도 해당 분야에서 전문가로 즐겁게 일하고 있다고 한다. 그 임원은 평양감사도 본인이 싫으면 그만이지만, 요즘 친구들은 정말 이해하기 힘들다며 허탈한 웃음을 지었다.

결국은 선택의 문제다. 조직에서 내가 맡은 분야의 스페셜리스트로 남아 있을지, 또는 상사가 되어 제너럴리스트로 일할 것인지는. 야마구치 슈는 그의 저서 《일을 잘한다는 것》에서 "특정한 기술을 지닌 뛰어난 '스페셜리스트'는 일을 잘 완수하고 자신의 기술을 무기 삼아 행복하게 살 수 있어야 한다. 또한 감각을 발휘애서 자신이 결정한 방향으로 조직 전체를 이끌어 나가는 '제너럴리스트'에게는 경영자의 길을 제시할 수 있어야 한다."고 말했다.

물론 모두가 상사를 꿈꾸면 좋겠지만, 조직에는 스페셜리스트와 제너럴리스트 모두가 필요하다. 상사가 되면 내 업무뿐 아니라 팀 관리에 많은 시간과 노력을 들여야 하고, 나의 성장보다는 다른 사람의 성장을 위해 많은 정성을 기울여야 한다. 이는 노력과 열정이 필요한 작업이다. 오히려 스페셜리스트로 남아 내가 맡은 분야의 전문성을 계속 확장해 나가는 것도 조직을 위해 반드시 필요하다. 그들은 팀원 관리에 본인의 에너지를 쓰기보다는 업무의 전문성을 확장하며 일하고 싶어 한다. 그들에게 상사라는 자리는 그저 골치 아프고 사람들한테 시달리는 힘든 보직일 뿐이다. 그들은 상사로 일하기보다는 특정 분야 전문가로서 경력을 이어가길 원한다. 내가 만났던 머리가 희끗희끗한 노년의 독일 기자가 편집장의 자리를 거절하고 현장에서 직접 발로 뛰며 취재하는 것처럼 말이다.

이런 변화는 직장인에 대한 성공의 잣대가 바뀌었기 때문이기도 하다. 요즘 젊은 세대들은 선배 세대들처럼 남의 시선이나 평가에 그리 목매지 않는다. 평생직장이라는 말은 구시대의 유물일 뿐이다. 무슨 일을 하든지 그저 내가 행복하고 내가 좋으면 그만이다. 상사나 임원의 자리에 연연하지 않고 전문가로서 내가 하고 싶은 일을 당당하게 외치는 친구들을 보고 있노라면, 나는 오히려 그들의 당당함과 진솔함에 압도된다. 회사는 팀원을 관리하고 조직을 이끄는 상사도 필요하지만, 본연의 업무 전문성을 키워나가는 전문가도 필요하다.

직장에서 모두가 상사가 될 필요는 없다. 그리고 이건 능력의 문제가 아닌, 선택의 문제일 뿐이다.

 프로를 위한 팁

경력개발에 있어 명심해야 할 생각

❶ 직장생활의 궁극적인 목표를 정해야 한다. 특정한 기술을 가진 스페셜리스트가 될지, 조직을 경영하는 제너럴리스트가 될지를 말이다.

❷ 모두가 상사가 될 필요는 없다. 회사는 전문 분야의 스페셜리스트도 필요하다. 요지는 내가 무엇을 할 때 행복한지를 끝없이 물어야 한다는 것이다.

생각법칙 7

나는
편할 때가
더 힘들다

chapter 26

언제나 떠날 준비가
되어 있는 유목민처럼 ───────

　최근 한 취업포털 사이트의 설문조사에서 직장인 10명 중 7명 이상이 평상시에 퇴사를 고민 중이라고 답했다고 한다. 특히 MZ 세대의 퇴사 비율은 더욱 심각하다. MZ 세대 입사자 가운데 2년 이내에 절반 이상이 퇴사하고, 5년 내에 90% 이상이 그만둔다고 한다. 또한 최근 유튜브에서 '퇴사 브이로그'가 젊은 세대들 간에 많은 인기를 얻고 있다고 한다. 퇴사 콘텐츠가 인기라니, 그야말로 퇴직이 MZ 세대들에게는 일상이 된 듯하다. 물론 직장에 대한 인식은 세대 간에 변할 수밖에 없다. 가족 같은 회사, 평생직장 같은 말들은 나 같은 기성세대조차 믿지 않기 때문이다.

요즘 젊은 세대들은 회사에 대한 소속감보다는 개인의 삶을 더욱 중요시하고, 자신의 만족감과 성장을 가장 최우선 과제로 여긴다고 들었다. 물론 일부 사람들은 어렵게 취업 준비를 해서 들어간 회사를 1~2년 안에 그만두는 요즘 젊은 세대가 너무 무책임하다고 생각할 수 있다. 하지만 나는 그들의 이런 가치관을 어느 정도 지지하는 편이다. 힘들게 들어간 회사에서 만난 직장선배들의 모습에서 그들은 먼저 자신들의 미래를 투영할 것이다. 그런데 그들의 모습에서 내 5년 후, 10년 후의 모습이 그려지지 않는다면? 세상은 하루가 다르게 변하고 있는데, 예전에 배운 지식과 경험만으로 후배사원에게 일을 지시하고 자신의 방식만을 따를 것을 강요받는다면? 아직도 회식과 야근을 직장인의 미덕으로 여기며, 퇴근하는 후배사원을 못마땅하게 쳐다보는 직장상사와 같이 일하고 있다면? 지금 다니는 직장은 나의 캐리어를 만들어가는 여러 선택지 중의 하나다. 그들의 말처럼 직장과 삶은 절대 하나가 될 수 없다. 직장에서 요구하는 가치가 내가 믿는 가치 간에 불협화음이 생긴다면 우리는 언제든 이곳을 떠날 수 있다.

다만 요즘 MZ 세대들의 잦은 이직을 보면서 한 가지 걱정되는 점은, 더 좋고 멋진 회사를 찾기 위해 매번 사직서를 던지는 그들의 모습에서 진정한 행복을 찾기 위해 파랑새를 찾아 멀리 여행길을 끝없이 돌아다니는 두 남매의 모습이 불현듯 중첩되기 때문이다. 그 어디에서도 파랑새를 찾지 못한 두 남매는 결국 집에 돌아와 문에 매달린 새장 속에서 파랑새를 찾게 된다는 그 동화 속 이야기 말이다.

나는 먼저 그들에게 회사와 나를 평행선에서 자꾸 비교하지 말고, 일단 내 눈앞에 놓인 일부터 잘해내려는 자세부터 가질 것을 당부하고 싶다. 회사는 회사고 나는 나다. 무엇보다 내가 지금 다니고 있는 회사에서 먼저 승부수를 던져야 한다. 어디를 가든 직장생활에 필요한 기본기를 다지는 시간은 반드시 필요하다. 일에 대한 어떤 태도를 가져야 하는지, 일을 잘하는 데 있어 어떤 소양과 기술이 필요한지, 직장사람들과의 소통은 어떻게 해야 하는지, 직장생활과 개인생활을 어떻게 조화롭게 만들어가야 하는지 등은 내가 어떤 직장을 가든, 또는 직장생활이 맞지 않아 설사 창업을 한다 해도 반드시 필요한 것들이다. 그리고 이런 기본기는 굳이 직장생활에서 나의 삶을 희생하지 않고도 충분히 배우며 쌓아나갈 수 있다. 현재 다니고 있는 직장에 집착하는 대신에, 장기적인 관점에서 나의 캐리어를 개발하고 방향성을 고민하면서 말이다.

법륜스님은 말했다. "꿈을 찾는다고 현실을 등한시하고 미래의 행복을 위해서 좋아하는 것만 찾아다니면 인생을 허황되게 살기 쉽다. 두 발은 현실에 딱 딛고 서서 두 눈은 이상을 향해서 한 발씩 한 발씩 나아가면 된다."라고. 나는 '내 인생의 주인공은 나야'를 당당히 외치는 지금의 젊은 세대들을 응원한다. 그리고 앞으로도 그들이 계속 내 인생의 주인공이 되기 위해 최선을 다할 것을 바란다. 하지만 지금 내가 다니는 이 회사도 한때는 내가 죽도록 꿈꾸어왔던 회사였음을 명심하라. 평생 이 회사를 다닐 것처럼 항상 최선의 승부수를 던지되, 다른 곳에서 내가 성장할 수 있는 기회가 있을 때 유감없이 이곳을 떠날 수 있다는 마음가짐을 갖도록 하자. 언제나 떠날 준비가 되어 있는 유목민처럼 말이다.

 프로를 위한 팁

지주 회사를 떠나고 싶을 때 명심해야 할 생각

❶ 회사는 언제나 떠날 수 있지만, 내 실력과 자신감을 쌓는 게 가장 먼저다. 설사 직장생활이 싫어 창업을 하더라도 말이다.
❷ 나의 두 발은 현실에 두 눈은 미래를 보며, 먼저 지금 있는 곳에서 승부수를 던져라. 그리고 기회가 될 때 미련 없이 이곳을 떠나면 된다.

chapter 27

제발 안전지대를 떠나라

회사에 입사했을 때 선배들이 3을 조심하라고 말했던 기억이 난다. 입사한 지 첫 3개월과 3년 차가 되었을 때 말이다. 이때가 여러 생각들이 교차하는 시기여서란다. 회사에 처음 들어가면 신입직원이든 경력직원이든 매일이 긴장의 연속이다. 낯선 환경에서 모르는 사람들과 새로운 일을 한다는 것이 여간 만만치 않다. 직장사람들의 이름도 외워야 하고, 회사의 일하는 시스템을 배워야 한다. 상사의 업무 스타일을 익혀야 하고, 함께 일하는 동료들의 눈치도 봐야한다. 처음부터 찍히면 안 되니까 말이다. 그렇게 긴장과 두려움의 3개월이 지나면 드디어 수습 기간이 끝나고 이제 정식 직원이 된다. 이제 업무도 어느 정도 파악되었고, 직장상사나 동료들과도 제법 친해져 있을 때다. 그렇게 다시 1년, 2년을 일하며 바쁘게 시간을 보낸다. 이렇게 3년 정도를 보내고 나면, 어느 날 내가 잘하고 있나 하는 생각이 불현듯 든다. 매일 같은 사람들과 일하며 어제와 똑같은 변화 없는 오늘을 보내면서 말이다. 시간이 지날수록 발전하지 않고 오히려 도태되는 느낌, 바로 익숙함과 편안함이 주는 매너리즘에 빠지는 시기다.

지난 직장생활을 돌이켜보면 나에게도 몇 번의 매너리즘이 찾아왔다. 처음 낯선 직장에서 일을 시작할 때는 시간이 어떻게 가는지 모를 정도로 바쁘다. 뇌를 풀가동시켜야 하니 항상 긴장상태다. 적당한 긴장은 사람에게 활력을 준다. 그러다 시간이 지나고 일과 동료들이 익숙해지면 예전보다는 회사생활이 조금씩 편해진다. 긴장도가 조금씩 낮아지는 것이다. 이제 일이 익숙하니 처음처럼 오래 생각하지 않아도 업무를 처리할 수 있다. 그렇게 또 몇 년이 흐르면 하는 일이 조금씩 재미없어지고, 사무실에서 매일 보는 직장동료들과의 관계도 시들시들해진다. 모든 게 그냥 너무 익숙하고 편안하다. 이상하게 들릴지 모르겠지만 나는 이렇게 편할 때가 더 힘들다. 회사 다니며 일도 하고 사람도 만나는데, 그냥 뭔지 모르게 답답하고 사방이 벽으로 꽉 막혀 있는 느낌…. 바로 이때가 나의 안전지대에서 떠나야 할 시점이다.

독일 철학자 하이데거는 "우리는 낯선 것과의 조우를 통해 이성이 시작된다."고 말했다. 우리는 편안하고 익숙한 환경에서는 새로운 생각이 일어나지 않는다. 새롭고 낯선 환경을 만났을 때 비로소 머릿속에서 새로운 생각과 도전의식이 생겨난다. 매너리즘을 극복하기 위해서는 새로운 활력과 자극이 필요하다. 내가 몇 번의 매너리즘에 빠졌을 때 간절히 원했던 것은 일상생활의 작은 변화를 통해 내가 도태되지 않고 매일 발전하고 있다는 삶에 대한 활력과 자긍심이었다.

나의 경우 이직과 대학원 공부를 통해 매너리즘을 극복하고 새로운 활력을 만들 수 있었다. 몇 년간 같은 업무를 하다 보니 새로운 업무에 도전하고 싶었고 기회가 있을 때 이를 상사에게 말했다. 하지만 돌아온 대답은 그리 긍정적이지 않았고, 내가 더 이상 이 회사에서 발전하기는 어렵겠구나 하는 생각이 들었을 때 이직을 결심했다. 하지만 이직은 쉽지 않다. 일하면서 다른 회사를 알아보는 것도 어렵지만, 경력직이 다시 새로운 회사에 들어가서 처음부터 다시 시작한다는 것이 그리 말처럼 쉬운 일이 아니다. 특히 편하고 익숙한 것을 포기하고 새로운 것을 조우해야 하는 두려움과 긴장감은 나이가 들수록 더욱 심하다. 나는 잦은 이직을 찬성하지는 않지만, 만약 지금 다니는 회사에서 더 이상의 돌파구를 찾지 못한다면 결국 이직이 정답일 수밖에 없다.

다만 이직이 여의치 않을 때는 공부를 하는 것도 안전지대를 떠나는 좋은 방법이다. 공부를 위해 굳이 모두가 나처럼 대학원을 갈 필요는 없다. 내가 배우고 싶은 게 있다면 인터넷 강의, 유튜브, 여러 기관의 단기 과정 등 배울 수 있는 창구는 무궁무진하다. 공부를 하는 이유는 학습에 일차 목적이 있지만, 공부하는 시간만큼은 반복적인 일상에서 잠시 빠져나와 새로운 것을 조우할 수 있다. 또한 공부를 하면서 만난 회사 밖의 사람들도 새로운 활력을 줄 수 있다. 배우고 있는 시간만큼은 내 시간을 알차게 보내고 있다는 뿌듯함과 만족감이 생기고, 다시 일상으로 복귀했을 때 보다 활력 있고 신명나게 직장생활을 할 수 있다. 물론 매너리즘을 극복할 수 있는 방법은 다양하다. 새로운 취미생활도 좋고 주말마다 떠나는 여행도 좋다. 그게 무엇이든지간에 편안하고 반복적인 일상이 주는 무료함에서 잠시 벗어나, 낯설고 새로운 환경에서 나를 다시 조우하며 새로운 활력을 찾을 수만 있다면.

공병호 경영연구소 소장은 "잘나가고 있다고 생각될 때 혹은 모든 것이 편안하다고 느껴질 때 미래를 제대로 준비하지 못하면, 훗날 반드시 위기라는 대가를 치르게 된다."고 말했다. 하루가 다르게 급변하는 현대사회에서 반복되는 일상이 주는 익숙함과 편안함을 안전한 것으로 착각하고 변화에 대응하지 못하면, 나도 모르게 어느 순간 위험과 곤경에 처할 수 있다. 특히 직장경력이 쌓일수록 내가 과거에 배우고 익혔던 것들만을 고수하기보다는 내가 일하는 방식에 문제는 없는지, 혹은 이를 개선하려면 어떻게 해야 하는지 등을 항상 고민해야 한다. 직장을 다니면서 가장 걱정해야 할 때는 스스로 더 이상 질문하지 않을 때다. 지금 스스로 회사생활이 너무 편안하고 안정적이면 내가 서 있는 이 안전지대를 빨리 떠날 준비를 하자.

Hurry up!

 프로를 위한 팁

직장생활이 편안하고 안정적이라면 반드시 명심해야 할 생각

❶ 바로 지금이 안전지대를 떠나야 할 시점이다.
❷ 편안하고 반복적인 일상에서 벗어나, 낯선 것과의 조우를 시도해야 한다.
❸ 모든 것이 편안하다고 느껴질 때 미래를 제대로 준비하지 못하면, 훗날 반드시 위기라는 대가를 치르게 된다.

chapter 28

일하다 위기가 오면
환호해라

기업홍보 담당자에게 위기는 몸담은 회사에 부정 이슈가 터졌을 때다. 나는 평상시에도 법무팀에서 전화가 오면 먼저 심호흡을 한 후 전화를 받는다. 경험상 홍보팀으로 걸려 오는 법무팀 전화는 회사에 좋지 않은 이슈가 터졌을 때이기 때문이다. 30대 초반 막 새로운 회사에 과장으로 입사한 지 겨우 두 달째, 나는 사무실에 출근하자마자 법무팀 전화를 받았다. 이메일을 보냈으니 급히 미팅을 요청하는 전화였다. 부랴부랴 이메일을 출력해서 회의실로 들어가니, 이미 사장님과 법무 팀장을 비롯하여 관련 부서장들이 하나둘씩 모여들었다. 회의실에는 조용한 긴장감이 돌았다. 부서장과 법무 팀장이 이슈를 브리핑 하는 동안, 내 머릿속은 어떤 대책을 세워야 이 난국을 타개할지에 대한 생각들로 복잡해졌다. 관련 정보도 부족했고 부정 이슈를 다뤄본 경험도 그리 많지 않았을 때였다. 부서장들은 해결방안을 찾느라 서로 옥신각신 격렬한 토론을 몇 시간째 이어갔다. 회의에 참석한 부서장들은 홍보팀장이라며 앉아 있는 나이 어린 여자 과장 따위에 아무런 관심이나 기대도 없는 듯했다. 그들에게 홍보팀은 사보나 만들고 행사나 하는 그저 그런 영향력 없는 부서였기 때문이다.

나는 비록 경험은 짧았지만 회사에 대한 부정 이슈는 시간과의 싸움이라는 것을 잘 알고 있었다. 부정 이슈가 터지면 신속하게 회사의 입장과 대응책을 이해관계자들에게 알려야 하고, 언론사나 고객사 등에서 문의가 왔을 때 누가 무엇을 어떻게 답할지를 정해야 한다. 또한 관련 내용을 신속히 해외 본사에 연락하여 본사 홍보팀과도 협의해야 한다. 나는 회의석상에서 이러한 내용을 상세히 설명했고, 부서장들은 다소 놀라운 표정으로 나를 쳐다보며 내 말을 주의 깊게 들었다.

그때부터 나는 일주일 넘게 밤낮으로 일했다. 낮에는 회의에 참석해 자료를 함께 만들고, 외부 문의에 응대하고, 기사 클리핑을 하고, 저녁에는 해외 본사와 컨퍼런스 콜로 미팅을 하면서 말이다. 그때는 어떻게든 이슈를 잘 해결하고 싶다는 생각 하나밖에 없었다. 일을 마치고 지친 몸으로 퇴근해 자리에 누우면, 온갖 최악의 상황이 떠올라 깊은 잠을 잘 수가 없었다. 이렇게 며칠을 정신없이 이슈 해결을 위해 최선을 다했다. 다행히 시간이 지나면서 회사에 대한 부정 기사도 줄어들었고, 점차 이슈는 원만히 해결되었다. 그 일을 계기로 홍보팀에 대한 경영진의 시선은 180도 변했고, 홍보팀이 전략적 회사 경영에 있어 주요 부서로 자리매김할 수 있는 계기가 되었다. 덕분에 나는 업무 성과를 인정받아 입사 동기들보다 빠르게 차장 승진을 할 수 있었다. 바로 회사 위기가 나에게는 전화위복의 계기가 된 것이다.

일하다 보면 우리는 회사에서 여러 크고 작은 위기에 봉착하게 된다. 지금까지 당신의 직장생활에서 가장 큰 위기는 무엇이었는가? 위기에 처했을 때 당신은 최대한 이를 피하고 미루는 유형인가? 아니면 어떻게든 위기를 해결하기 위해 정면승부로 돌파하는 유형인가? '위기危機'라는 한자를 풀어쓰면 위험과 기회라는 뜻이 함께 들어 있다고 한다. 이는 위기가 곧 기회가 될 수 있다는 말이다. 물론 위기는 위험한 것이라 최대한 경계해야 한다. 그러나 위기를 피해야 할 힘든 일이라 생각하지 말고, 위기 속에서 새로운 돌파구를 찾아 나의 잠재력을 최대한 발휘하는 성장의 기회로 여긴다면 어떨까? 위기를 현명하게 극복하여 성장과 발전의 기회로 삼는다면, 누구보다 빠르게 성공의 대열에 합류할 수 있다.

위기는 준비하지 않은 자에게는 고난으로, 준비한 자에게는 기회로 다가온다. 일 잘하는 사람들은 일하다 위기가 오면 속으로 기회의 시간이 왔음을 조용히 환호한다. 회사가 예상치 못한 위기에 처하게 되면 경영진을 비롯하며 많은 동료들이 두려움과 불안함에 어쩔 줄 몰라 한다.

일 잘하는 사람에게는 바로 이때야말로 회사에서 자신의 실력을 유감없이 발휘할 기회이다. 그들은 평소에 쌓은 다양한 업무 경험과 실력뿐만 아니라 인적 네트워크를 구축해 두었기 때문에, 일을 하다 위기가 생겨도 절대 불안해하거나 당황하지 않는다. 해당 분야의 전문가로서 회사의 위기 상황을 차분하게 분석하고, 이를 해결하기 위해 다양한 해법을 모색한다. 전문가인 그들의 모습은 누가 봐도 믿음직할 수밖에 없다. 이렇게 시간이 흘러 위기 상황이 종료되면, 그들은 핵심인재로 상사와 동료들의 인정을 한 몸에 받으며 더 많은 성장 기회를 보장받을 수 있다.

미국 정치인 람 이매뉴얼은 "심각한 위기를 헛되이 보내지 마십시오. 이전에는 할 수 없다고 생각했던 일을 할 수 있는 기회입니다."라고 말했다. 우리는 삶이나 직장생활에서 발생하는 위기를 피할 수 없다.

다만 위기를 그저 회피하고 도망 다닐지 혹은 위기를 성장의 발판으로 삼아 새로운 기회를 모색할지는, 바로 당신의 생각 한 끗에 달려 있다. 지금 회사에서 일어난 여러 복잡한 일로 머리가 아픈가?

하지만 선택은 당신에게 달려 있다. 그저 이 복잡한 일을 어떻게든 피하고 볼지 또는 이 어려운 상황을 정면 돌파하여 내 실력을 유감없이 발휘할 기회의 장으로 볼지 말이다.

 프로를 위한 팁

힘들고 어려운 일에 봉착했을 때 이렇게 생각하기

❶ 이 일이 위기일까, 기회일까 생각해보자. 위기는 고난이 될 수도 있지만, 준비된 자에게는 기회가 될 수 있다.

❷ 위기를 성장과 발전의 기회로 여기는 생각의 전환을 통해 남들보다 빠르게 성공의 대열에 합류할 수 있다.

chapter **29**

이직도 기술이다,
은밀하고 치밀하게 ⎯⎯⎯⎯⎯⎯⎯⎯

　　회사를 다니면서 "이 놈의 회사 당장 때려치워야지."라는 말을 입에 달고 사는 사람들이 있다. 하지만 이런 사람들치고 회사를 나가는 경우는 거의 보지 못했다. 오히려 이직하는 사람들은 느닷없이 사무실을 찾아와 작별 인사를 하는 경우가 대부분이다. 물론 지금 다니는 회사에서 인정받으며 일하는 것이 최선이지만, 직장사람들과 심한 갈등이 있거나 또는 회사에서 더 이상 스스로 성장할 기회가 없다고 판단이 되면 이직이 좋은 대안이 될 수 있다. 다만 이직에도 불문율이 있다. 이직은 최대한 치밀하고 은밀하게 준비해야 한다. 이를 위한 이직의 기술은 과연 무엇일까?

　　당연히 이직 준비의 첫 시작은 이력서 준비다. 나는 이직과는 상

상위 **1%**가 되는
직장인의 생각법칙

관없이 평소 국/영문 이력서를 자주 업데이트 할 것을 추천한다. 굳이 당장 이직을 하지 않더라도 평소에 본인의 주요 업무나 시상 이력 등을 업데이트 해두면, 막상 이직을 마음먹고 급히 이력서를 제출해야 할 때 이런 주요 사항을 놓치지 않기 때문이다. 이력서에는 그동안 맡았던 업무들을 최대한 상세히 기술해야 한다. 특히 회사는 경력직의 경우 업무 성과뿐 아니라 팀 관리나 리더십 역량도 중요하게 보기 때문에 이 부분을 자세히 작성하는 게 좋다. 어느 문서나 그렇겠지만 주절주절 길게 작성하는 것보다는, 핵심사항 위주로 간결하고 명료하게 작성하는 것은 기본이다.

이제 이력서가 준비되면 주요 잡 사이트를 즐겨찾기 해 두고 지원 회사를 계속 찾아야 한다. 동시에 몇몇 헤드헌터들에게 이력서를 송부하여 내가 원하는 자리가 나면 바로 연락해줄 것을 요청하자. 다만 이때 주의할 점은 많은 헤드헌터들에게 무작위로 이력서를 송부하는 것은 금물이다. 수신인 불명의 이메일에는 신뢰가 없을뿐더러, 굳이 내가 다른 회사를 알아보고 있다는 사실을 많은 사람들에게 알릴 필요는 없기 때문이다. 헤드헌터들에게도 말이다.

이제 마음에 드는 포지션이 눈에 띄거나 헤드헌터를 통해 자리를 제안 받는 경우, 일단 그 자리에서 덥석 연락하거나 수락하지 말고 회사의 사업현황과 재무정보 등 회사 기본정보를 면밀히 파악해야 한다. 안정적인 회사인지, 향후에도 계속 성장 가능성이 있는지를 확인해야 한다. 다음은 포지션에 대한 세부정보다. 지금 내가 하고 있는 일과 유사한지 또는 업무 확장성이 있는지, 특히 새로운 회사에서 내가 성장하고 발전할 수 있는 기회가 있는지를 체크해야 한다.

이런 단계를 거쳐 지원을 결정하고 서류를 접수하면, 서류가 통과된 사람들에 한해 면접 요청 연락이 온다. 요즘은 보통 2~3차례 면접을 거쳐야 한다. 면접 일정이 확정되면 미리 예상 질문을 생각해서 답변을 준비하는 것이 좋다. 본인 소개, 강점과 단점, 이직사유 등은 면접에 나오는 단골 질문들이다. 면접할 때는 최대한 밝고 긍정적인 모습을 보이려 노력하고, 내가 이 분야의 전문가임을 자신감 있게 어필하도록 하자. 면접을 모두 통과하면 이제 마지막 평판조회가 남았다. 요즘은 평판조회가 필수적이라 헤드헌터나 회사에서 평판조회 할 사람을 알려달라고 하는데, 내가 믿을 수 있는 사람 위주로 명단을 주는 것이 좋다. 특히 지금 현업에 종사하고 있기 때문에, 이직에 대한 말이 나돌지 않도록 각별한 주의가 필요하다. 평판조회가 마무리되면 드디어 기다리던 합격 소식을 듣게 된다. 일단 최종 합격을 하게 되면 인사부와 연봉 협상을 하는데, 통상 현 연봉에서 약 10~15% 인상이 가장 일반적이다. 물론 경우에 따라 이보다 더 받을 수도 있고 덜 받을 수도 있지만, 절대 연봉을 깎고 가는 일은 없어야겠다. 당연히 이직할 때는 최대한 더 좋은 조건을 받는 것이 바람직하기 때문이다.

연봉 협상까지 끝났으면 최종 계약서를 사인하게 된다. 합격 소식을 듣자마자 계약서 사인도 하지 않은 채, 현 회사에 사직 통보를 했다가 갑자기 새로운 회사에서 채용 취소를 연락해오는 경우도 드물게 있다. 따라서 반드시 회사와 계약서를 작성한 후에, 현 회사에 사직 통보를 해야 한다. 보통 사직 통보는 한 달 전에 하는 것이 기본 규칙이다. 사직 통보를 하면 보통 인사부와 면담을 하는데, 이 경우 상사나 회사에 대한 감정적인 험담은 가급적 자제하는 것이 좋다. 물론 상사나 팀 문화에 심각한 문제가 있다고 판단이 되면, 최대한 사실 위주로 문제를 지목할 수는 있다. 하지만 특정인에 대한 감정적인 험담은 자제하는 것이 좋다. 결국 내가 싫어서 떠난 사람이라도 언제 어디서 어떻게 만날지는 아무도 모르기 때문이다.

끝으로 현 회사를 떠나는 마지막 날까지 최선을 다해 남은 업무를 처리하고 후임자에게 인수인계를 깔끔하게 해주는 것이 프로페셔널한 직장인의 모습이다. 또한 마지막 날에는 평소 친한 분들을 직접 찾아뵙고 작별 인사를 하거나, 여의치 않으면 최소한 이메일이라도 보내 그동안 고마웠다는 감사 메시지를 보내도록 하자.

직장인에게 이직은 어려운 과정이다. 철저한 준비와 자신감이 필요하다. 또한 잦은 이직은 경력관리에 좋지 않다. 1~2년 단위로 회사를 옮겨 다니는 사람에게 어떤 회사가 믿음이 가겠는가? 특히 1년 미만의 경력은 본인에게 오히려 마이너스가 되므로 불가피하게 이런 경력이 있다면 오히려 이력서에는 기재하지 않는 것이 좋다. 업계에 따라 다를 수는 있겠지만, 일단 회사에 입사하면 그곳에서 가급적 최소 3~5년은 일해야 한다. 그래야 이력서에 관련 이력을 당당히 추가할 수가 있다.

이직은 최대한 철저하고 은밀하게 준비해야 한다. 또한 지금 다니는 회사가 싫어 나갔어도, 새로운 회사에 가면 또 다른 문제가 당신을 기다리고 있다. 따라서 이직한다고 너무 들뜨거나 환호할 필요가 전혀 없다. 새로운 회사로 이직을 앞두고 있다면 그동안 이직 준비하느라 지친 자신의 몸과 마음을 잘 추스르고, 새로운 곳에서 다시 힘찬 출발을 할 수 있도록 자신을 격려하자. 이직은 결코 끝이 아닌 또 다른 시작이기 때문에!

 프로를 위한 팁

이직에 대해 명심해야 할 생각

❶ 이력서 준비부터 마지막 평판조회까지, 이직은 최대한 은밀하고 치밀하게 준비하자.

❷ 이직은 끝이 아닌 또 다른 시작이다. 이직을 앞두고 있다면 나를 정비하고 격려하는 시간을 갖자.

PART

9

생각법칙 8

철저한
자기관리 없이
프로가 될 수
없다

chapter **30**

배우고, 배우고,
또 배워야 해 ──────────────

인사부 오 과장이 나를 찾아왔다. 대학에서 영문학을 전공한 그
녀는 인사 업무를 하다 보니, 인사뿐만 아니라 전략, 재무 등 기업경
영 전반에 대한 공부를 체계적으로 해보고 싶은 욕심이 생겼다고 한
다. 어느 날 그녀는 국내 명문대를 졸업한 영업팀 임원 한 분에게 직
장을 다니면서 MBA를 다니는 게 어떤지 조심스럽게 의견을 구했다
고 한다. 하지만 뜻밖에도 영업 임원은 "왜 학력 세탁하려고요? 직장
다니면서 하는 MBA에서 뭘 제대로 배우겠습니까? 그럴 시간에 일
이나 열심히 하는 게 더 나을 것 같은데요."라며, 오 과장이 요즘 일
이 한가한가 보다며 그녀를 오히려 무안하게 만들었다고 한다.

그 이후 우연히 다른 지인을 통해 내가 직장을 다니며 MBA를 마

쳤다는 얘기를 듣고 나를 찾아온 오 과장은 MBA 공부를 하고 싶은데 그 임원분의 말을 들으니 공부한다고 일에 소홀해지지는 않을지, 과연 직장생활과 학업을 병행하는 게 가능한지 등을 물어보았다. 오 과장의 답답하고 막막한 그 마음을 누구보다 잘 알기에, 나는 그녀의 어깨를 툭 치며 힘차게 말했다. "MBA 당연히 해야죠. 배우고 싶을 때 배우세요. 배우고 싶은 거 지금 안 하면 나중에 미련 남아서 안 돼요." 우리는 한참을 MBA에 관한 얘기를 나눴고, 그녀는 훨씬 밝은 표정으로 내 방을 나섰다. 몇 달 후 그녀는 MBA 과정을 등록했다는 반가운 소식을 전했다.

우리는 직장생활을 시작하면 신입직원 교육이다, 직급교육이다 연일 교육장에 끌려 다닌다. 일도 바빠 죽겠는데 말이다. 하지만 이 것도 어느 정도 직급까지 올라갔을 때까지뿐이다. 차장, 부장 정도만 되도 교육받으러 다닐 일은 현저히 줄어든다. 오히려 이 시기에 교육을 다녀와도 되는지 물어보면, 오히려 당신이 후배들에게 교육을 해 줘야지 교육을 받을 때냐며 상사의 따가운 눈총을 받을 수 있다. 하지만 이것은 정말 잘못된 생각이다. 요즘은 평생학습Lifetime learning이 대세다. 특히 옛날에 배우고 익혔던 것을 10년 이상 우려먹는 사람들의 경쟁력은 이제 없다고 봐도 무방하다. 제 아무리 명문대를 나와도 말이다. 세상은 너무 빨리 변하고 있다. 이제 과거의 낡은 지식으로는 현재의 빠른 변화에 전혀 대처할 수 없다. 끝없이 새로운 것을 배우고 익혀야 하는 이유이기도 하다.

나는 약 7~8년 정도를 공부하는 직장인인 샐러던트샐러리맨과 스튜
던트의 합성어로 생활했다. 40대 초반부터 시작한 MBA 공부를 약 2년
여 만에 마쳤고, 그 이후 다시 박사과정을 밟아 약 5년여 만에 박사
학위를 취득하였다. 누구 말처럼 학력 세탁을 위해서는 전혀 아니다.
그저 일만 하면서 직장생활을 하는 것 보다는, 새로운 분야의 지식을
끝없이 배우는 것이 좋았다. 다만 혼자 공부하는 게 쉽지도 않거니와
체계적으로 공부하는 것 같지 않아 나는 학교를 선택했다. 물론 쉬운
일은 아니었다. 바쁜 직장생활을 하면서 점심, 저녁 시간을 쪼개가며
숙제를 해야 했고, 주말에는 늦잠의 유혹을 물리치고 아침 일찍 학교
를 나서거나 과제를 하러 집 근처 카페를 향해야 했다. 아이들의 원
망 어린 시선에 마음이 아프기도 했고, 나를 대신해 주말에 집안일
을 하는 남편에게 한없이 미안하기도 했다. 친구들은 이렇게 고생을
자처하며 사는 나를 참 이해하기 힘들다고 말하곤 했다. 하지만 상관
없다. 내가 좋아서 하는 일이니까. 다만 한 가지는 확실하다. 내가 동
기들보다 이른 나이에 임원이 되고 현재까지 계속 현업에서 일할 수
있는 비결은, 바로 끝없이 배우고 성장하기 위한 노력이 있었기에 가
능한 것이라고.

현대 경영의 창시자인 피터 드러커는 "평생학습은 당신을 젊게

할 것이다. 배우면 젊어지고 삶을 즐길 수도 있게 된다."라고 말했다. 언제 어디서나 호기심을 갖고 무엇이든 배우려는 사람은 나이와 상관없이 언제나 젊게 살 수 있다는 말이다. 《논어》의 첫 구절도 "학이시습지學而時習之 불역열호不亦說乎, 배우고 익히면 이 또한 기쁘지 아니한가?"로 시작하지 않던가. 다수의 연구결과에 의하면 새로운 것을 배우는 활동은 단순히 우리의 전문적 성장에 도움이 될 뿐만 아니라, 우리가 행복감을 느끼는 데에도 기여한다고 나타났다. 결국 배움의 본질은 스스로 배우고 알아가는 즐거움, 이를 통해 조금씩 앞으로 나아가며 성장하고 발전하고 있다는 것을 깨달았을 때 느끼는 만족감이 아닐까?

 프로를 위한 팁

배움에 대해 명심해야 할 생각

❶ 평생학습을 명심하고, 배움을 일상의 루틴으로 만들어가자.
❷ 배움은 스스로의 성장뿐 아니라 삶의 행복감을 느끼게 한다.

chapter 31

나는 활자중독증,
그래도 책이 좋다 ──────────

기업홍보팀에서 일하다 보니 나의 주요 업무 중 하나가 글쓰기다. 언론사에 보낼 보도자료부터, 사보/웹사이트 기사, 연설문, 각종 인쇄물, 소셜미디어 포스팅에 이르기까지…. 직접 글을 쓰거나 팀원들이 가져온 글을 교정 및 검수하는 일을 주로 하다 보니 나에게는 웃픈 직업병이 생겼다. 바로 활자중독증이다. 무언가를 끊임없이 읽어야 안정감을 갖는 묘한 증상이란다.

나의 못 말리는 직업병은 지하철을 타면 바로 발동된다. 지하철에 도배된 각종 광고물이 보이면 누가 시키지도 않았건만, 혼자서 광고 문구를 검수하기 시작한다. 아, 저 표현은 문법이 맞지 않네, 띄어쓰기가 틀렸네, 헤드라인 글자를 조금 더 키우면 좋을 텐데…. 내 손에 빨간 펜이라도 주어졌다면 바로 광고물에 띄어쓰기 표시, 라인 정렬 표시 등을 할 모양새다. 심한 경우 광고물을 보면서 저 문구를 어떻게 다듬을까 몰두하느라 가끔 내려야 할 지하철역을 놓친 적도 있다. 이건 정말 불치병이다.

그만큼 글이 없는 나의 생활은 상상하기 힘들다. 책은 내 일상이자 삶의 큰 부분을 차지한다. 초등학교 시절 친구들과 함께 돌려보던 만화책과 동화책, 중학교 시절에는 내가 직접 만화책을 그려 친구들에게 돌려 보게 한 기억도 있다. 고등학교, 대학교 시절에는 각종 문예대회에 시나 수필 등을 제출하여 상을 여러 번 받은 적도 있다. 나는 한 달에 보통 2~3권의 책을 읽는다. 많은 사람들이 다양한 분야의 책을 읽으라고 말하지만, 서점에서 내가 가장 먼저 손이 가는 책들은 자기계발서, 경제경영서가 대부분이다. 몇 년 전부터는 한 일본 작가의 추리소설에 꽂혀 작가가 출간한 소설은 거의 대부분 읽고 있다. 또한 최근에는 재테크 지식이 부족하여, 부동산이나 주식 관련 책도 많이 찾아보고 있다.

나는 읽어야 할 책 목록을 항상 출력해서 책상 근처 눈에 잘 띄는 곳에 붙여둔다. 책을 읽고 목록을 지워나가는 맛도 꽤 쏠쏠하다. 책 목록은 주로 베스트셀러를 참조하거나, 평소 책이나 기사를 읽다 추천도서가 있으면 바로 메모해둔 후 읽어야 할 책 목록에 추가한다. 나는 읽을 책이 옆에 없으면 이유 없이 불안하다. 그래서 주말에 하는 중요한 일 중의 하나가 다음 주에 읽을 책을 정하고, 해당 책을 구매하거나 동네 도서관에서 대여하는 것이다. 나는 책을 읽다 좋은 문구가 나오면 이를 표시해 두었다가 컴퓨터에 주요 내용을 정리한다. 읽은 책의 내용을 따로 정리해 두지 않으면, 한참 지나서 이 책을 읽었는지 안 읽었는지 기억이 가물가물한 경우가 종종 있기 때문이다. 덕분에 15년 넘게 읽은 책 이름과 책의 주요 내용이 차곡차곡 정리된 파일들은 어느새 나의 보물 1호가 되었다. 가끔 파일을 열어 과거에 읽었던 책들의 좋은 문구를 훑어보는 것만으로도, 일하면서 생긴 복잡한 생각들을 정리하는 데 많은 도움이 된다.

"남의 책을 많이 읽어라. 남이 고생하여 얻은 지식을 아주 쉽게 내 것으로 만들 수 있고 그것으로 자기 발전을 이룰 수 있다." 철학자 소크라테스의 말이다. 독서는 말 그대로 세상의 모든 지식을 읽어내는 시간이다. 시대와 장소를 거슬러 다양한 현인과 전문가들의 지식과 혜안을 직접 체험할 수 있는 방법은 독서밖에 없다. 만약 내가 책을 좋아하지 않았다면 과연 지금까지 이렇게 성공적인 직장생활을 유지할 수 있었을까? 어쩌면 독서가 지금의 나를 있게 만든 장본인은 아닐까?

독서는 끊임없이 부족한 나를 일깨우며, 새로운 지식과 깨우침을 통해 매일매일 나를 한 단계 앞으로 나아갈 수 있게 하는 원동력이 된다. 뿐만 아니라, 가끔 회사에서 일과 사람에 치여 마음이 우울할 때 나는 책을 통해 위로 받기도 한다. 우연히 접한 책의 한 문구가 마음의 상처를 치료해주고, 내 영혼의 든든한 버팀목이 되어준다. 이같이 독서가 우리에게 주는 힘은 무궁무진하다.

나는 주위에 일 잘하는 사람 치고 책을 멀리 하는 사람을 거의 본적이 없다. 그들은 언제나 책을 끼고 다닌다. 그들의 책상에는 예외없이 항상 다양한 주제의 책들이 있다. 직장생활을 오래 성공적으로 유지하려면 업무에 필요한 지식과 스킬뿐만 아니라, 조직 내 인간관계, 리더십, 변화 관리 등 다양한 분야에 대한 통찰력과 지혜가 필요하다. 일 잘하는 사람들은 끝없는 독서를 통해 자신의 실력을 함양하고, 이를 다시 현실에 적용하며 하루하루 발전한다. 따라서 일 잘하는 사람이 되기 위해서 독서는 선택이 아닌 필수다.

만약 당신이 평소 책을 잘 읽지 않는다면, 지금부터라도 짧은 시나 소설 등으로 책읽기를 습관화 할 것을 추천한다. 나의 지인 한 분은 바쁜 일을 핑계로 10년 넘게 책과 멀리하다가 다시 독서를 결심했을 때 시집으로 책읽기를 시작했다고 한다. 대부분의 시집은 얇아서 읽는 데 부담이 없어 초보 독서가에게 좋다는 것이 그분의 지론이다.

다만 책 읽기 자체가 목표가 될 필요는 없다. 그저 책을 하루에 10분씩이라도 내 삶의 일부로 만드는 습관을 들이다 보면, 어느 날 문득 내 옆에 책이 없으면 허전하고 불안한 자신을 발견할 것이다. 물론 나처럼 활자중독증은 곤란하다. 빨간펜 선생님도 아닌데 모든 글자든지 보기만 하면 자꾸 읽고 고칠 데 없나 달려들 테니 말이다.

 프로를 위한 팁

일 잘하는 사람들은 대부분 독서광이다.

❶ 독서는 지식의 원천이자 영혼의 치료제다. 독서 없는 자기계발은 없다.

❷ 본인에게 맞는 책을 찾아서 하루에 단 10분이라도 책읽기를 시도해보자.

❸ 어느 정도 책읽기가 편해지면 나만의 독서 리스트를 만들어보자.

chapter 32

성패를 좌우하는
영어 실력을 높이려면

　최근 한 잡사이트에서 직장인들을 대상으로 새해마다 하는 단골 계획이 무엇인지 설문 조사를 했다. 조사 결과, 직장인들이 손꼽은 새해 단골 계획에 운동과 외국어 공부가 단연 1순위로 꼽혔다. 외국어, 특히 영어 공부는 직장인들의 영원한 숙제인 듯하다. 예전에는 인사고과만 잘 받아도 승진하는 데 별 문제가 없었지만, 요즘은 영어 점수가 있어야 승진도 기대할 수 있다. 해외 지사에 좋은 자리가 오픈되어도 업무 실력은 뛰어난데 영어 실력이 부족해 지원하지 못하는 동료들을 보면 안타까움을 금할 수 없다. 이제 직장인들은 본인의 경쟁력 확보를 위해서라도 무조건 영어 실력을 쌓아야 한다.

　영어는 일하는 데 있어 소통을 위한 수단에 불과하다. 상대방이 하는 말을 잘 알아듣고 내가 하고 싶은 말을 잘하면 된다. 하지만 우리가 학교에서 받은 주입식 영어 교육으로는 이런 기본 소통에 어려움이 많다. 학교에서 배운 영어는 좋은 점수를 얻기 위한 문법 독해 위주의 암기식 교육에 치중되어 있기 때문이다. 어렸을 적부터 해외에서 공부한 사람들이야 영어 사용에 어려움이 없겠지만, 국내에서 대학교까지 마친 사람이 영어로 유창하게 말하기는 쉽지 않다. 나 또한 외국계 기업에 근무하며 현업에서 영어를 사용하며 일하고 있지만, 여전히 영어 공부는 매년 새해 단골 계획이다. 해도 해도 끝이 없는 게 영어 공부이기 때문이다.

과연 직장인의 성패를 좌우하는 영어 실력을 높이려면 어떻게 해야 할까? 내 경험상 영어 공부의 첫 단계는 본인의 영어 실력이 어느 단계인지를 먼저 파악하는 것이다. 영어 공부를 시작한다며 바로 원어민 회화를 신청하는 것은 좋은 방법이 아니다. 비용도 비싸거니와 효과가 별로 없기 때문이다. 영어 공부의 시작은 기초 문법이나 핵심 단어를 먼저 공부하면서 기본기부터 차근차근 다지는 것이어야 한다. 국내에서 대학까지 졸업한 사람들은 어느 정도 영어에 대한 기본기는 잘 갖춘 것 같다.

자, 그다음부터는 영어와 매일 친구가 되어야 한다. 하루에 최소 30분~1시간은 영어 공부에 시간을 할애해서 많이 읽고, 듣고, 말하고 글을 써야 한다. 그 쉬운 것을 누가 모르냐고 반문할 수 있겠지만 영어가 모국어가 아닌 이상 영어 공부에는 왕도가 없다. 많이 읽고, 많이 듣고, 많이 말하고, 많이 글로 쓰는 수밖에.

먼저, 많이 읽어라. 영어 동화책이든, 소설이든, 신문 기사이든 내 수준에 맞게 뭐든지 영어로 된 글을 많이 읽어야 한다. 글을 처음 읽을 때 모르는 단어가 나오면 그냥 표시만 해두고 전체 문장을 읽으며 글의 맥락부터 이해해야 한다. 두 번째 읽을 때부터는 표시해둔 단어의 뜻을 찾아서 전체 문장의 뜻을 정확히 이해하려고 노력해야 한다. 글을 다 읽은 후에는 표시해둔 단어와 표현을 암기하고 익혀야 한다. 결국 영어는 단어와 표현의 싸움이다. 단어를 암기할 때는 시간이 좀 걸리더라도 문장으로 외우는 것을 추천한다. 또한 동사로 된 단어라면 동사의 명사형, 형용사형의 단어도 같이 암기하는 게 훨씬 효율적이다. 특히 본인만의 단어장을 만들어 새롭게 익힌 단어를 꾸준히 반복 학습하는 것이 좋다.

둘째로, 많이 들어야 한다. 요즘은 워낙 좋은 영어 콘텐츠가 많다 보니 마음만 먹으면 언제든지 다양한 채널을 통해 영어를 접할 수 있다. 굳이 비싼 영어 학원을 다니지 않아도 교육방송이나 영어 앱에 단계별로 좋은 영어 콘텐츠가 의외로 많다. 처음에는 짤막한 대화나 기사를 반복 듣기하면 좋고, 조금 실력이 쌓이면 미드나 영화를 가급적 국문 자막을 보지 많고 영어만 먼저 들어보길 추천한다. 처음에는 전혀 들리지 않던 영어가 계속 반복적으로 듣다 보면 한두 개씩 단어가 들리고 문장이 들리기 시작할 것이다. 듣다가 좋은 표현이 나오면 반드시 단어장에 메모해두었다가, 나중에 내가 영어로 그 표현을 직접 써보는 것이 좋다.

마지막으로, 영어로 많이 말하고 써봐야 한다. 어느 정도 영어 기본기가 갖추어지면 원어민 회화가 많은 도움이 될 것이다. 한국 사람들은 영어로 말할 때 발음에 너무 많은 신경을 쓰는 것 같다. 어렸을 때부터 영어를 접한 사람이 아니고서야 발음을 현지인처럼 하는 것은 불가능하다. 물론 발음을 정확히 할 필요는 있지만, 과하게 발음을 굴릴 필요는 없다. 오히려 발음보다는 내가 하고 싶은 말을 영어로 명료하게 표현하는 것이 더 중요하다. 현업에서 일하다 보면 의외로 영어로 말은 잘하는데 글쓰기가 엉망인 직원들이 종종 있다. 글에는 논리와 사고가 필요하다. 나는 현란한 영어 발음을 자랑하는 직원보다는 영어 표현이 단순해도 논리적으로 글을 작성한 직원이 더 믿음직스럽다. 특히 영어 작문 실력을 늘리는 데에는 영어 일기만큼 좋은 것이 없다. 매일 단 5분이라도 하루의 일과를 영어로 쓰다보면 내가 표현하고 싶은 단어와 문장을 고민하게 된다. 처음엔 서툴러도 조금씩 영어로 내가 하고 싶은 말을 쓰다 보면, 어느새 나의 영어 표현력이 쑥쑥 발전해 있는 것을 알 수 있다.

영어 공부는 해도 해도 어렵다. 그리고 며칠만 쓰지 않아도 말이 잘 나오지 않는다. 결국 꾸준함과 지속적 반복만이 영어 실력을 유지하는 관건이다. 영어를 업무적으로 매일 사용하는 것이 가장 좋겠지만, 그렇지 않더라도 일상생활 속에서 다양한 방식으로 영어를 익히면서 영어 실력을 꾸준히 갈고 닦아야 한다. 무엇이든 좋다. 기사든, 책이든, 소셜미디어의 각종 포스팅 등… 단어장에 새로운 단어들과 표현법을 매일 추가하고 이들을 꾸준히 익히고 사용하다 보면, 당신도 모르는 사이에 주위에서 영어 잘하는 사람으로 인정받을 수 있다. 영어 공부에는 왕도가 없다. 그저 꾸준한 읽고 쓰고 말하며 지속적으로 반복하고 노력하는 수밖에.

 프로를 위한 팁

영어 공부에 대해 명심해야 할 생각

❶ 영어 공부는 그냥 평생 하는 공부라고 생각해라. 오로지 꾸준함과 반복만이 영어 실력을 늘리는 방법이다.

❷ 영어 공부에는 왕도가 없다. 그저 매일 단 10분이라도 읽고, 쓰고, 말하다 보면 어느덧 영어가 편해지는 날이 온다.

chapter 33

일요일 오전의 법칙 ———————

최근 20~30대 직장 후배들과 이야기를 나누다 보면 빠지지 않는 주제가 하나 있다. 바로 MBTI 성격 유형 검사다. 호기심에 검사를 해보니 나는 사교적인 외교관이라는 'ESFJ'가 나왔다. ESFJ 유형의 사람은 사교적인 성격이라 사람과 친목을 도모하는 걸 선호하고, 사람들과의 상호작용을 통해 에너지를 얻는다고 한다. 리액션을 잘하고 사람을 즐겁게 해주려는 욕구가 강하단다. 여기까지는 정말 기가 막히게 맞는 것 같다.

그런데 ESFJ 유형을 설명하는 마지막 문장이 딱 걸린다. '혼자 있는 것을 힘들어하고, 사람들과 함께 있는 것을 좋아한다.' 결론적으로 MBTI는 일부는 맞고 일부는 틀리다. 홍보라는 직업 특성상 나는 매일 다양한 분야의 사람들을 만난다. 워낙 사람 만나고 말하는 것을 좋아하는 성격이라 처음 만난 사람과 점심식사를 함께해도 전혀 거부감이 없다. 물론 사람들과 긍정적인 인간관계를 통해 좋은 기운을 주고받는 것도 사실이다.

그러나 성공적인 직장생활과 행복한 삶을 유지하기 위해 유일하게 지키는 나만의 법칙이 하나 있다. 일요일 오전의 법칙, 바로 혼자 있는 '나와의 시간'이다. 신앙심이 투철한 내 친구는 일요일 오전, 교회 목사님의 설교 말씀이 다음 한 주를 버티게 해주는 힘이 된다고 한다. 나에게는 일요일 오전, 혼자 있는 나와의 시간이 다음 한 주를 든든히 버티게 해주는 힘이 된다.

그렇다고 일요일 오전에 뭔가 거창한 일을 하는 것은 아니다. 일요일 오전, 먼저 집 근처 카페에 자리를 잡고 커피를 주문한다. 가방에서 주섬주섬 짐들을 꺼내놓고 커피 한 모금을 마신 후 창문 너머를 쳐다본다.

바쁜 한 주를 끝내고 그저 지금은 잠시 한 템포 쉬어가는 시간, 소위 멍 때리며 창밖의 풍경을 하염없이 바라본다. 시간이 조금 지나면 이제 도서관에서 빌린 책을 읽기 시작한다. 어느 정도 책 읽기가 지루해지면, 나의 관심 분야를 공부한다. 몇 년 전 석사/박사과정 논문도 모두 이 카페에서 머리를 쥐어뜯어 가며 완성했다.

요즘은 은퇴 후를 위해 부동산, 주식 등의 재테크 공부를 짬짬이

하고 있다. 관련 책도 읽고 관심 있는 회사 주식 정보도 보고 유튜브 강의도 듣다 보면 어느새 1~2시간은 훌쩍 지나간다. 이 시간은 치열하지 않다. 그저 내가 하고 싶은 일을 하며 혼자 생각하고 사색하는 나와의 시간을 조용히 보낼 뿐이다. 점심시간이 다가오면 이제 집으로 돌아갈 시간, 가슴속은 이유 모를 충만함과 만족감이 가득하고 집으로 향하는 발걸음은 언제나 가볍다.

나에게 일요일 오전은 주중의 바쁜 일상에서 벗어나 오롯이 나를 대면하는 시간이다. 혼자 있으면 여러 생각들이 동시다발적으로 떠오른다. 지난주 회사에서 있었던 일들이 생각나면, 잠시 눈을 감고 그 일에 대한 내 마음을 찬찬히 살펴본다. 좋았거나 즐거웠던 일에는 조용히 미소를 짓기도 하고, 언짢고 화났던 일에는 왜 그때 맘이 불편했는지 스스로 묻는다. 신기하게도 혼자 있는 시간에 이 생각 저 생각을 하다 보면 뭔가 엉켜있던 실타래가 하나씩 하나씩 풀리고 정리가 된다. 다음 주 할 일들을 생각하고 정리하다 보면, 마음 한구석에서 이유 모를 의욕과 힘이 솟는 걸 느낀다.

나는 혼자만의 시간을 통해 나 자신을 되돌아보고 나 자신과 대화하며 스스로를 치유하고 안정을 되찾는다. 물론 가끔 이런저런 이유로 일요일 오전의 법칙을 깨고 늦잠을 자거나 TV 시청으로 일요일 오전을 보내기도 한다. 운동이 몸에 밴 사람들이 운동을 안 하면 몸이 더 처지고 힘든 것처럼, 늦잠으로 일요일 오전을 보내고 나면 일요일 오후는 여지없이 기분이 더 우울해지고 매사 별 의욕도 생기지 않는다.

혹시라도 주중에는 일에 치이고 주말에는 집안일과 육아로 지쳐 일요일 저녁을 우울하게 보낸 경험이 있는가? 그렇다면 어떻게든 평일 새벽이든, 저녁이든 혹은 주말이든 단 1~2시간만이라도 혼자만의 시간을 반드시 만들어보자. 매일매일 바쁘게 살면서 눈앞의 일에만 매달리다 보면, 내가 이 일을 왜 하는지 어떤 방향으로 일해야 하는지조차 잊게 된다. 혼자만의 시간은 스스로를 재정비하는 시간이자, 내가 원하는 것을 살피고 다음 목표와 계획을 재정립할 수 있는 유일한 시간이다.

피터 드러커는 "효과적인 활동을 했으면 조용히 되돌아보라. 조용히 되돌아보면 훨씬 더 효과적인 활동을 하게 된다."라고 말했다. 또한 센다 다쿠야는 "어느 분야에서건 최고의 실적을 남긴 사람 중에는 고독을 좋아하는 사람이 많다. 고독해야 자신의 과제가 무엇인지 떠오르기 때문이다."라고 말했다.

자신을 위해 혼자만의 시간을 갖지 못하는 사람은 절대 일에서 성공할 수 없다. 일을 멈추고 쉬면서 생각하는 시간을 통해 지난 한 주의 나를 돌아보고, 다음 한 주를 계획하며 내 일의 목표와 방향성에 대해 고민하는 시간이 있어야 반드시 발전할 수 있다. 바쁘고 정신없는 일상생활의 속도를 잠시 늦추고 오롯이 혼자 있는 시간, 일요일 오전의 법칙을 통해 무위無爲가 가져다주는 풍부하고 충만한 경험을 해보자.

 프로를 위한 팁

오늘부터 바로 실천하기

❶ 일주일에 1~2시간, 반드시 지키는 나만의 시간을 만든다.

❷ 그 시간에 하고 싶은 일들을 적어본다.

❸ 그 속에는 나를 돌아보는 시간, 평소에 할 수 없지만 좋아하는 일들을 포함시킨다.

❹ 최소 4주 이상 이 시간을 지속한다.

chapter 34

울면서 운동가지만,
운동 후에는 웃는다 _____

    어느 날 사무실에서 팀원들과 언론사에 보낼 기업소개 기사를 작성하고 있었다. 기사와 함께 보낼 본사 경영이사회 사진을 고르던 중 갑자기 팀원 한 명이 뜬금없이, "이사회 멤버가 되려면 몸무게 기준이 있나 봐요. 다들 연세도 많으신데 어쩜 이렇게 살찐 분이 단 한분도 없을까요?"라고 말했다. 그러고 보니 50세를 훌쩍 넘은 경영진들은 남녀를 불문하고 다들 날씬한 몸매를 유지하고 있다. 특히 본사 회장님은 출장 갈 때마다 운동화를 반드시 넣고 다닌다고 들었다. 해외 출장이 많아 몸이 힘들 법도 한데, 그분은 어느 나라를 가도 공항에 도착하면 바로 향하는 곳이 호텔 피트니스센터라고 한다. 도착하자마자 그렇게 한 시간 뛰고 나면 긴 시간 여행으로 힘든 몸이 가벼

위지고 시차적응도 훨씬 수월하단다. 자기관리의 끝판왕이 아닐 수 없다. 생각해보니 잘나가는 기업의 경영진들치고 살찐 사람은 거의 보지 못했다. 건강하고 날씬한 몸을 유지하는 것은 성공한 사람들의 공통점인 듯하다.

운동이 좋다는 것은 누구나 안다. 건강한 몸에 건강한 정신이 깃든다는 굳이 상투적인 표현을 쓰지 않더라도, 건강을 위해 반드시 운동이 필요하다는 것을 모르는 사람이 어디 있겠는가. 하지만 실행이 문제다. 직장인들은 바쁘다. 운동하려면 어렵게 바쁜 시간을 쪼개 자투리 시간을 내야 한다. 졸린 눈을 비비며 새벽 운동을 하거나, 퇴근 후 지친 몸을 이끌고 운동하러 가야 한다. 이마저 여의치 않으면 점심까지 포기하고 운동하는 직장인들도 많다. 운동은 영어 공부처럼 직장인들이 싫어도 반드시 해야 하는 숙제인 듯싶다. 우리 가족들이 제2의 김종국이라고 부르는 남편은 365일 하루도 빼지 않고 헬스장을 간다. 연휴로 헬스장이 열지 않으면 남편은 운동을 못 해 너무 괴로워한다. 연휴가 끝나자마자 휘파람 불며 헬스장을 향하는 남편을 보고 있노라면, 운동은 저렇게 미쳐야 하나 보다라는 생각이 절로 든다. 하지만 남편처럼 운동이 인에 박힌 사람이 아닌 이상, 회사 다니며 운동하는 것은 강한 정신력을 필요로 한다.

나도 20대부터 헬스, 수영, 에어로빅, 골프 등 다양한 운동을 도전해 봤고, 그나마 지금까지 꾸준히 하는 운동은 수영과 요가 정도다. 지인들은 아무리 일이 바빠도 운동을 멈추지 않는 나를 보면서 정말 운동을 좋아하는 마니아인 줄 착각한다. 하지만 실상은 그렇지 않다. 나는 지금도 운동이 싫지만 그래도 멈추지 않고 꾸준히 운동하고 있다. 건강을 위한 어쩔 수 없는 선택이기도 하지만, 반면에 운동만이 주는 기쁨과 만족감을 알기 때문이다.

최근 요가를 하다 허리를 살짝 삐끗해 1~2주 운동을 쉬었는데, 결국 새벽 수영을 다시 시작하고 있다. 새벽 운동은 정말 나와 맞지 않다. 새벽 6시 강습에 맞춰 가려면 최소한 20~30분 전에 기상해야 한다. 새벽 일찍 일어나야 한다는 강박관념에 그 전날 깊은 잠도 잘 수 없다. 새벽 알람이 울리면 그 몇 초간 마음속에 전쟁이 일어난다. 갈까 말까? 어젯밤 잠도 몇 시간 못 잤는데 출근하려면 잠을 더 자야 하니 오늘은 그냥 가지 말까? 알람을 끄고 다시 자리에 누우면 헬스장을 나서는 남편의 나를 바라보는 한심한 눈초리가 느껴진다. 한편 아냐, 어제도 못 갔는데 오늘은 가야지, 이렇게 의지가 박약해서야 쯧쯧! 할 수 없이 무거운 몸을 이끌고 어두운 새벽길을 나선다. 가는 길에 오만가지 생각이 든다. 내가 정말 이렇게까지 살아야 하나? 무슨 부귀영화를 누리자고 이렇게 새벽 운동을 해야 할까? 기분이 그렇게 우울할 수 없다. 하지만 운동을 마치고 샤워를 한 후 수영장을 나설 때는 희한하게도 기분이 이루 말할 수 없이 좋다. 한결 가볍고 가뿐해진 몸에, 오늘도 내가 해냈다는 충만감에 한 시간 전의 찌뿌둥하고 우중충했던 기분은 온데간데없다. 운동이 주는 기쁨에는 확실히 중독성이 있다. 그렇게 갈 때마다 투덜거리면서도 운동을 멈추지 않으니 말이다.

연예인 김종국은 운동에 관한 다양한 명언 제조기로 유명하다. 그의 말을 잠시 들어보자.

"헬스클럽은 클럽보다 더 즐거운 곳이지."

"운동할 때 힘이 드는 것은 몸이 아니라 마음 때문이다."

"오늘부터 운동을 한다고 생각하지 말고 새로운 삶을 산다고 생각해야 돼. 너의 삶에 운동이 추가된 게 아니고 삶이 변하는 거야."

아직까지는 운동 고수가 말하는 경지는 전혀 이해하지 못하겠다. 새벽이든 저녁이든 여전히 운동하러 가는 길은 나에게 고달프기 때문이다. 특히 운동화를 신고 현관문을 나서기까지… 하지만 또한 알고 있다. 힘들게 운동하고 땀 흘리고 샤워 후 다시 집으로 향하는 발걸음이 얼마나 가벼운지도. 그렇기에 오늘도 나는 수많은 잡념들과 싸우며 운동하러 나선다. 언젠가는 나도 운동 고수처럼 하루도 운동을 안 하면 몸이 배겨내지 못하는 그날이 오기를 기다리며.

 프로를 위한 팁

일 잘하는 사람들은 대부분 운동광이다. 운동에 관하여 이렇게 생각하기

❶ 직장인에게 운동은 선택이 아닌 생존의 문제다. 뭐라도 좋으니 꾸준히 할 수 있는 운동 하나 정도는 반드시 만들어두자.

❷ 직장 다니면서 운동하는 것은 쉬운 일이 아니다. 그 어려운 일을 잘해내고 있는 자신에게 무한한 칭찬을 해주자.

생각법칙 9

내가
행복하지 않으면
일의 성공은
의미 없다

chapter 35

내 인생이 즐거워야
힘든 직장생활을 견디지 ———

　직장생활은 고되고 힘들다. 매일 정해진 시간에 일어나 교통지옥
을 뚫고 출근해야 하고, 하루 종일 일과 사람들에 시달려야 한다. 언
제나 할 일은 태산 같고, 해도 해도 일은 끝이 없다. 일만 하기도 힘
들어 죽겠는데, 내 심기를 건드리는 상사, 동료, 부하직원 때문에 항
상 마음이 편치 않다. 어디 그뿐이랴. 죽기 살기로 열심히 일해도 내
가 받는 월급은 언제나 제자리…. 이렇게 힘든 직장생활을 견디려면
많은 내공이 필요하다. 일만 죽어라 해서는 그 내공을 키울 수 없다.
바로 내 인생이 '어느 정도는' 즐겁고 행복해야 힘든 직장생활을 견
뎌낼 힘이 생긴다. 과연 즐거운 인생은 어떻게 만들어가야 할까? 아
직 인생을 반백년밖에 살아보지 못했지만, 나는 즐거운 인생을 살기

위해 다음 3가지 사항을 명심하려고 매사 노력한다.

첫째, 즐거운 인생을 살기 위해서는 무엇보다 건강해야 한다.
몸이 아프면 마음까지 병든다. 건강하고 행복한 마음을 가지려면 무
엇보다 건강한 몸을 유지하기 위해 노력해야 한다. 일할 때는 열심
히 일하고, 쉴 때는 휴식과 재충전을 통해 항상 몸을 최상의 상태로
유지해야 한다. 내가 건강을 위해 노력하는 몇 가지 철칙이 있다. 바
로 적정한 수면, 적게 먹기, 물 많이 마시기, 운동, 그리고 건강식품
섭취다.

먼저 잘 자야 한다. 무엇보다 본인에 맞는 적정한 수면시간을 유
지해야 한다. 의외로 많은 직장인들이 수면부족 혹은 질 낮은 수면
으로 고통을 호소한다. 내가 아는 교수님 한 분은 회식자리에서 잠의
중요성을 강조하시면서 본인의 어머님 얘기를 자주 하셨다. 누구보
다 건강을 위해 소식하시고 운동하시고 술 담배도 안하시고 많은 노
력을 하셨지만, 유독 잠을 잘 못 주무셨다고 한다. 잠귀가 밝아 평생
얕은 잠밖에 못 주무셨다고 한다. 교수님의 어머님은 평생 건강을 위
해 애쓰셨지만, 결국 노년에 백혈병에 걸려 병원에서 치료를 받고 계
시다고 한다. 잘 자는 것이 얼마나 중요한지를 깨닫게 된다.

다음으로 식사를 거르지 말고 제때 하는 습관을 가져야 한다. 너
무 짜고 매운 음식은 가급적 피하고, 배가 부를 때까지 과식하지 말
고 최대한 적게 먹도록 노력하자. 또한 출근하면 책상 위에 물병을

챙겨놓고, 일하는 틈틈이 물을 마시며 몸에 충분한 수분을 공급해야 한다. 종합비타민, 비타민 C, 오메가, 홍삼 등의 건강식품을 꾸준히 챙겨 먹는 것도 건강한 몸을 만드는 데 많은 도움이 된다. 다만 나이가 들수록 챙겨 먹는 건강식품이 걷잡을 수 없이 늘고 있어, 건강식만 먹어도 배 부른다는 농담을 남편과 가끔 하곤 한다. 마지막으로 헬스, 수영, 자전거, 요가 등 평생 할 수 있는 운동을 찾아서 규칙적으로 운동하는 습관을 들여야 한다. 운동은 건강한 몸과 마음을 만드는 데 있어 가장 효과적인 방법이다.

둘째, 현재에 집중하며 살아가는 마음가짐을 가져야 한다. 미래를 위해 현재를 희생하지 말아야 한다는 말이다. 나의 대학생활은 다분히 치열했다. 집안 형편이 넉넉하지 않은 탓에 매학기 장학금을 받기 위해 쉼없이 공부했다. 또한 대학교 방송국 활동도 열심히 했고, 방학 때는 틈틈이 아르바이트를 하며 용돈을 벌었다. 그저 바쁘고 치열한 하루의 연속이었다. 대학교 3학년을 마치고 1년 휴학을 하며 통번역대학원을 준비할 때는, 학원 아르바이트를 하며 하루 8시간을 이어폰을 끼고 어학공부를 했다. 그 당시는 밝은 미래를 위해 오늘을 희생하는 것이 당연했고, 오늘은 그저 고달픈 하루에 지나지 않았다.

하지만 대학원 시험에 떨어졌고, 나는 어쩔 수 없이 취업을 해야 했다. 대학 졸업 후 어느 날 같은 과 동기들과 학과 교수님을 찾아뵙고 저녁식사를 함께했다. 교수님은 취업했는데도 표정이 어두운 나를 보시고는 이유를 물으셨고, 공부를 더 하고 싶은데 취업을 해서 마음이 답답하다고 답했다. 그러자 교수님은 "공부에 절대 미련이 남으면 안 된다."는 말씀과 함께 "너는 미래만 생각하느라 항상 오늘이 고단하구나. 그래도 오늘을 조금씩은 즐기고 살아." 하며 나의 등을 토닥거려 주셨다. 교수님은 대학 4년 내내 공부하느라 지친 내 모습을 지켜보셨기에, 미래만 바라보며 오늘을 살지 못하는 내가 많이 안타까우셨나 보다. 벌써 수십 년이 지났지만 그때 교수님이 나에게 해주신 말씀은 아직도 기억에 선명하다.

교수님의 말씀처럼, 즐거운 인생을 살기 위해서는 먼저 오늘을 내 삶의 전부라 생각하고 살아야 한다. 나의 20대처럼 내일을 위해 오늘을 저당 잡으며 사는 우를 범해서는 안 된다. 라틴어 '카르페 디엠Carpe diem'은 영화 〈죽은 시인의 사회〉에서 키팅 선생이 학생들에게 말한 대사로 유명하다. '현재를 잡아라'로 번역되는데, 바로 지금 살고 있는 현재 이 순간에 충실하라는 말이다. 일할 때는 열심히 일하고, 쉴 때는 최대한 휴식에 집중하자. 일하면서 집안일을 걱정하지 말고, 쉬면서 회사일을 걱정하지 말자는 말이다. 또한 지금 내 앞에 앉아 있는 사람에게 집중하자. 이 순간만은 핸드폰을 내려놓고 눈을 바라보며 서로의 대화에 집중하자. 우리는 매사 딴짓을 하느라 너무 바쁘다. 그리고 불안한 미래를 걱정하느라 오늘이 행복하지 않다. 하지만 지금 현재에 집중할수록 마음속의 걱정이나 불안은 줄어들게 마련이다. 현재에 집중하고 현재를 사는 것이 즐거운 인생을 만드는 데 있어 가장 중요하다.

셋째, 즐거운 인생을 살기 위해서는 나의 행복에 의도적인 관심을 가져야 한다. 미국의 시인 제임스 오펜하임은 "어리석은 자는 멀리서 행복을 찾고, 현명한 자는 자신의 발취에서 행복을 키워간다."라고 말했다. 행복은 멀리 있지 않다. 먼저 일상에서 느껴지는 소소하고 작은 행복감을 많이 체험해보자. 스스로가 언제 행복한지 한 번 조용히 생각해보자.

나는 아침에 출근해 커피를 마시며 오늘 내가 할 일들을 적어 나갈 때 행복하다. 행사나 프로젝트를 성공리에 마친 후 느껴지는 성취감도 나를 행복하게 만든다. 운동을 마친 후 상쾌한 공기를 마시며 집으로 돌아올 때도 행복하다. 좋아하는 사람들과 맛난 음식을 먹으며 폭풍수다를 떨 때 행복하다. 한적한 시골길을 운전하며 차창 너머로 시원한 바람을 맞을 때, 멋진 자연풍경을 내 앞에서 마주할 때, 주위사람들의 실없는 농담에 빵 터질 때 등등…. 지금껏 살아오면서 깨달은 사실 중의 하나는 인생의 행복은 그리 거창한 것이 절대 아니며, 오히려 내가 좋아하는 사람들과 함께 살아가는 오늘의 작고 소소한 일상에서 온다는 것이다. 한번 주위를 찬찬히 둘러보자. 내 발취에서 무심하게 지나친 행복한 일상이 당신을 기다릴 수 있으니까.

일이 주는 행복감도 크지만 일 자체가 삶의 전부가 될 수는 없다. 내 인생이 먼저 행복하고 즐거워야 일도 잘할 수 있고 고단한 직장생활도 견뎌낼 수 있다. 마음에 걱정과 불안이 가득하다면 절대 일하는 데 있어 좋은 성과가 나올 수 없다. 물론 즐겁고 행복한 인생이 무엇인지 그리고 이를 어떻게 만들어갈지는 사람마다 다를 수 있다. 하지만 건강한 몸과 마음을 유지하기 위해 노력하고, 미래를 위해 오늘을 절대 희생하지 말며, 항상 내가 행복한가를 끝없이 묻고 확인한다면 '어느 정도는' 즐겁고 행복한 삶을 살 수 있다고 자신한다. 항상 명심하자. 내 인생이 즐거워야 힘든 직장생활을 견딜 수 있음을.

 프로를 위한 팁

내 인생이 즐거워야 힘든 직장생활을 견딜 수 있다.
즐거운 인생을 살기 위해 명심해야 할 생각

❶ 건강한 몸을 유지하기 위해 노력하자. 건강을 망치면 아무것도 할 수 없다.

❷ 내일을 위해 오늘을 희생하지 말자. 현재에 집중하면 오늘의 일상이 소중해진다.

❸ 나의 행복에 의도적인 관심을 갖자. 작고 소소한 일상의 행복을 자주 느껴보자.

chapter 36

아무리 회사 일이 바빠도
가족은 1순위여야만 해 ————————

　종종 회사와 결혼한 직장인들이 있다. 회사에 출근하면 직장동료들과 구내식당에서 아침과 점심을 함께 먹는다. 업무가 끝나면 직장동료, 거래처 또는 고객들과 저녁식사를 함께한다. 그들이 자정 전에 귀가하는 횟수는 거의 손에 꼽을 정도다. 주말은 더욱 바쁘다. 직장 사람들이나 고객들과 함께 골프를 치거나 등산, 낚시 등의 취미활동을 함께 즐긴다. 직장일로 바쁜 그들의 삶에 가족이 끼어들 틈은 전혀 없다. 혹여 배우자가 가족에게 너무 소홀한 거 아니냐는 볼멘소리를 하면, 그들은 "내가 누구를 위해 이렇게 회사에 몸 바쳐 일하겠어? 다 가족들 먹여 살리려고 고생하는 거 아니겠어."라며, 힘들게 일하는 자신을 이해해주지 않는 가족을 원망한다.

가족을 위해 열심히 고군분투하는 그들을 탓할 수는 없지만, 아무리 가족이라도 좋은 관계를 유지하려면 그들에게 시간을 내야 한다. 그렇지 않으면 언젠가는 그들의 틈에 끼어들 수 없는 순간이 반드시 온다. 퇴직한 선배들이 30년 이상을 오직 회사 일에만 올인 하다 퇴직 후 가족들과 겉돌며 잘 지내지 못하는 모습을 종종 본다. 하지만 이는 당연하지 않은가? 가족들은 수십 년을 어쩔 수 없이 그들끼리 지내는 법을 익히며 시간을 보냈다. 그런 마당에 갑자기 퇴직 후 시간이 많아졌다한들, 가족들의 삶에 자연스럽게 끼어들기는 쉽지 않다.

하지만 요즘 일과 삶에 대한 젊은 세대들의 가치관이 기존 세대와는 많이 다른 듯하다. 최근 사보에 신입직원을 소개하는 면을 신설했다. 신입직원들의 입사 소감, 현재 하는 일을 설명하면서, 주말은 어떻게 보내는지 그리고 향후 어떤 꿈과 목표를 가지고 있는지 등을 소개하는 자리다. 그들은 거의 대부분 가족 혹은 지인들과 주말을 함께 보낸다고 답했고, 향후 맡은 분야의 전문가가 되는 것뿐만 아니라 가족들과 즐겁고 행복한 시간을 보내는 게 꿈이라고 답했다. 그들의 얘기를 잠시 들어보자.

"주말은 항상 가족과 함께 산책하거나 맛있는 음식을 먹습니다."
"저는 휴일에 주로 가족과 최대한 많은 시간을 함께 보내려고 노력합니다. 사랑하는 가족과 함께 큰 어려움 없이 건강하고 행복한 삶을 사는 것이 꿈입니다."

"저는 평소 주말부부로 지내기 때문에 가족과 보내는 시간이 더욱 소중합니다. 주로 아이들과 같이 할 수 있는 야구 관람이나 캠핑을 즐기는 편입니다."

"휴일에는 6살 딸과 시간을 가장 많이 보내고, 취미가 사진이라 가족들 사진을 찍어주는 날이 많네요."

"가족과 언젠가 좋아하는 나라에 가서 한달살이를 하고 싶습니다."

"거창한 꿈은 없고, 지금처럼 가족 모두 건강하고 행복했으면 좋겠습니다."

혁신이론의 창시자인 클레이슨 크리스텐슨 교수는 그의 저서《당신의 인생을 어떻게 평가할 것인가》에서, 인생의 가장 중요한 요소들 중의 하나로 '행복한 가정'을 손꼽았다. 그는 "일은 당신에게 성취감을 안겨줄 수 있지만, 가족과 친구들과 함께 키우는 친밀한 관계 속에서 얻는 지속적인 행복감에 비할 수는 없다. 관계가 결실을 맺게 만드는 유일한 방법은 필요를 느끼기 전에 먼저 투자하는 것"이라고 설명했다. 아이를 키워본 분들이라면 아이들이 얼마나 빨리 크는지 알 것이다. 아이들이 부모를 필요로 하는 시간은 생각보다 그리 길지 않다. 아이가 첫 발걸음을 떼던 순간, 아이의 유치원 행사, 초등학교 운동회에서 죽기 살기로 뛰는 아이를 목이 터져라 응원하던 순간, 아이와 함께 여행 다니던 그 시간들은 생각보다 영원하지 않다. 회사 일에 쫓겨 아이들이 커가는 모습을 옆에서 지켜보지 못하는 것만큼 안타까운 일은 없다.

우리가 돈을 버는 목적은 당연히 나 혼자 잘 먹고 잘 살기 위해서가 아니다. 바로 사랑하는 소중한 가족과 함께 즐겁고 행복하게 살기 위해서다. 다만 일이 바쁘다는 핑계로 가족들과 함께 보내는 일상의 소소한 즐거움을 절대 희생시키지 말자. 가족이 원하는 건 대부분 그리 거창하지 않다. 함께 맛있는 음식을 먹고, 집안일을 같이 하고, 서로의 소소한 일상을 공유하고, 아이들의 학교 일에 관심을 기울이는 등…. 이 힘든 세상에 유일한 내 편은 가족밖에 없다. 가족은 힘들고 지칠 때 든든한 지원군이 되어 준다. 직장생활의 성공도 이를 함께 축하하고 기뻐하는 가족이 옆에 있을 때 더욱 의미가 있지 않겠는가? 이 시대 바쁜 직장인들에게 고한다. 아무리 회사 일이 바빠도 가족은 반드시 1순위여야만 한다는 것을.

프로를 위한 팁

직장인들의 가족에 대해 명심해야 할 생각
❶ 아무리 일이 바빠도 가족은 반드시 1순위여야만 한다.
❷ 그들과 함께 소소한 일상을 공유하는 즐거움을 절대 놓치지 말자.

chapter **37**

옆 부서 김 과장
요즘 정신과 다닌대

차장 시절 어느 날 회사 엘리베이터 앞에서 평소 친하게 지내던 재경부 양 차장을 우연히 만났다. 양 차장은 주위를 한번 살피더니 나에게 조용히 귓속말을 했다. "들었어? 구매부 김 과장 요즘 정신과 다닌대. 박 부장한테 엄청 시달리는 것 같더니만." 나는 눈이 휘둥그레져 "진짜? 정신과를? 큰일이네. 김 과장 어떡해…."라고 답하며 놀라움을 금치 못했다. 당시만 해도 직장인이 정신과를 찾는 것은 흔한 일이 아니었다. 하지만 요즘은 어떤가? 내 주위만 봐도 정신과 상담을 받는 동료나 후배들이 몇몇 있다. 한 후배는 정신과 의사와 상담하고 나면 마음이 한결 편해지고 약을 먹으니 밤에 잠도 잘 잔다며 치료받기를 잘했다고 말한다. 특히 요즘 20~30대 직장인들은 이전 세대와는 달리 마음의 병을 숨기지 않고, 당당히 병원을 다니며 적극적인 치료를 받는 것 같다.

　최근 직장인 설문조사에 의하면 직장인 10명 중 4명이 "나는 번아웃 상태다."라고 답한 것으로 나타났다. 번아웃 증후군은 열심히 일에 집중하던 사람이 과도한 스트레스와 업무에 노출되어 극도의 신체적, 정신적 피로감을 느껴 무기력해지는 현상을 말한다. 너무 열심히 일하다 보면 번아웃이 온다. 돌이켜 생각하면 나도 몇 번의 번아웃을 겪은 것 같다. 회사와 업무, 직장사람에게서 받은 스트레스로 재처럼 타버린 것 같은 극도의 무기력과 짜증, 신체적 피로감까지….
　결국 문제는 스트레스다. 물론 스트레스가 무조건 나쁜 것은 아니다. 일정 수준의 스트레스는 몸과 마음에 적당한 긴장감을 주고 일하는데 동기부여가 되는 등 긍정적인 영향을 미친다. 다만 과한 스트레스를 받을 때가 문제다. 극심한 스트레스는 신체적, 심리적인 고통을 주어 일상생활에 많은 어려움을 야기한다. 따라서 직장인들의 적극적인 스트레스 관리는 직장생활을 오래 유지하기 위한 필수요건이다. 직장인들의 최대의 적이자 몸과 마음의 병까지 불러일으키는 스트레스는 어떻게 관리해야 할까?

　먼저, 스트레스를 일으키는 문제를 바라보는 관점을 한번 생각해보자. 심리학 박사인 리처드 칼슨은 "우리 삶에서 스트레스를 없애는 열쇠는 바로 스트레스를 만들어내는 것이 우리 자신임을 아는 데 있다."고 말했다. 모든 문제는 그 문제를 어떻게 바라보고 해석하는가에 달려 있다. 내가 처한 이 상황이 과연 내가 바꿀 수 있는 상황인지, 바꿀 수 없다면 과연 이렇게 고민하는 것이 무슨 의미가 있는지, 바꿀 수 있다면 무엇을 어떻게 어디서부터 바꿔야 할지 등을 찬찬히 생각해봐야 한다. 정말 꼴 보기 싫은 상사도 다른 시각으로 보면 힘들게 일하는 가장이자 본인 상사한테 똑같이 스트레스 받는 나와 같은 직장인에 불과하다. 과한 업무들도 지금 당장은 힘들겠지만, 나중에 피와 살이 되는 좋은 경험의 장이 될 수 있다. 현상이나 문제를 바라보는 내 시각을 조금만 바꾸어도 의외로 문제가 다르게 보이거나 쉽게 풀릴 수 있음을 명심하자.

둘째, 그럼에도 불구하고 문제가 여전히 심각하다면 그 문제가 일으킬 최악의 상황을 한번 그려보라. 내가 지금 하는 일을 망치면 당장 어떤 일이 생길 것 같은가? 나는 지금도 큰 행사를 앞두면 그 전날 반드시 행사가 망하는 꿈을 꾼다. 행사장에 초청고객이 단 한 명도 안 나타나거나 갑자기 행사장에 전기가 나가 아무것도 할 수 없는 그런 꿈을 꾸고 나면 머리가 띵 하다. 하지만 꿈에서처럼 그렇게 드라마틱하게 행사를 망쳐본 적은 없다. 내가 지금 고민하는 문제가 아무리 심각해도, 우리가 걱정하는 만큼 최악의 상황이 실제로 일어나는 경우는 거의 없다. 리처드 칼슨은 "스트레스는 우리의 환경과 상관없이 어떤 대상에 대해 너무 심각하게 생각할 때, 다시 말해 문제의 심각성을 부풀려 생각할 때 생긴다."고 말했다. 지금 일하다 문제가 생겨 극도의 스트레스를 받고 있다면, 한 번쯤 그 문제가 일으킬 최악의 상황들을 그려보자. 실제로 최악의 상황이 일어날 일은 거의 없다. 단지 우리가 그 문제를 너무 심각하게 생각한다는 것이 문제이니까.

마지막으로, 스트레스로 지치고 힘들 때는 일단 그 자리에서 멈추는 것이 필요하다. 단 하루라도 휴가를 내고 일에서 잠시 벗어나야 한다. 지칠 때는 무조건 쉬어야 한다. 쉬면서 혼자 조용히 나 자신을 되돌아보는 시간을 갖자. 혼자 조용히 시간을 가지다 보면, 문득 머릿속에서 스위치가 딸각 켜지는 순간이 생길 것이다. 아, 그렇게 하면 안 되었구나, 내가 그때는 너무 성급했어, 앞으로는 이렇게 해야지 등등…. 나도 모르게 문제를 바라보는 생각의 전환이 자연스럽게 일어난다. 일단 멈춤의 시간을 통해 지치고 힘든 자신을 돌아다보고 스스로를 격려하는 시간을 가져야 한다.

인생의 동반자 스트레스, 누구도 스트레스에서 자유로울 수는 없다. 하지만 스트레스도 적절히만 관리하면 삶의 윤활유 역할을 할 수 있다. 일하는 데 목표의식도 생기고 동기부여도 된다. 따라서 일을 잘하려면 언제나 자신의 스트레스 레벨을 항상 관심 있게 지켜봐야 한다. 또한 스스로 아무리 노력해도 여전히 지치고 힘들다면, 전문가의 도움을 받는 것도 방법이다. 지금 생각해 보니 정신과 다닌다며 나와 양 차장이 뒤에서 소곤거렸던 그 당시 구매부 김 과장은 스트레스 관리의 진정한 달인이 아니었나 싶다.

 프로를 위한 팁

적극적인 스트레스 관리는 건강한 직장생활을 위한 필수요건이다.
스트레스에 관하여 이렇게 생각하기

❶ 좋은 스트레스와 나쁜 스트레스를 구별하자. 좋은 스트레스는 오히려 일하는데 좋은 자극제가 될 수 있다.

❷ 스트레스는 당신의 몸과 마음을 갉아먹기 때문에 적극적인 관리가 필요하다.

❸ 스트레스를 받고 있다면, 문제를 다른 시각으로 보려고 노력해보자. 혹은 문제에 대한 최악의 상황을 그려 보거나, 이도저도 안 된다면 전문가의 도움을 받도록 하자.

chapter 38

남과의 비교는 우울할 뿐 _____

　나는 최근 거의 SNS를 하지 않는다. 몇 년 전만 해도 페이스북에 아이들 사진과 멋진 여행지와 음식 사진 등을 열심히 포스팅 하면서, 주위에 '나 잘살고 있습니다!'라는 광을 꽤나 열심히 팔았던 것 같다. 하지만 나이가 들수록 SNS에 글을 올리는 횟수가 점점 줄고 있다. 예전처럼 사진 찍는 일이 귀찮기도 하거니와 내 인생 살기도 바쁜데 남의 인생 구경하는 일에 시간을 쓰고 싶지 않은 게 더 솔직한 이유이기도 하다. SNS에 펼쳐진 남들의 인생은 화려하기 그지없다. 고급 레스토랑의 음식들, 잡지에나 나올 법한 예쁜 인테리어, 멋진 여행지의 화려한 풍경, 눈이 시리도록 환한 그들의 미소…. 물론 지인들의 잘 사는 모습을 보면 반갑기 그지없다. 다만 문제는 그 이

후다. SNS를 보면서 자꾸 남들과 나를 은연중에 비교하니 말이다. 남들은 저렇게 여행도 잘 다니는데, 나는 왜 맨날 개미처럼 일만 하고 있을까? 남들은 저렇게 집도 예쁘게 꾸미고 요리도 잘하는데, 나는 왜 잘하는 게 이리도 없을까? 남들은 저렇게 즐겁고 재미있게 사는데, 나는 왜 이렇게 사는 게 재미가 없지? 끝도 없이 밀려드는 이런 생각들에 기분은 가라앉고, 왠지 내 인생만 초라한 것 같은 생각에 자괴감마저 든다.

물론 안다. 누구의 인생도 완벽하지 않다는 것을… SNS에 올라온 남들의 멋진 모습이 그들 인생의 전부가 아니라는 것을…. 그들도 나처럼 현실적 고민과 문제로 매일 고군분투하고 있다는 것을 모르지 않는다. 누군가 말하지 않았던가. 인생을 불행하게 살고 싶다면 끝없이 남들과 비교하라고. 특히 직장생활에서 다른 사람들과 비교하기 시작하면 스스로 비참하고 초라해질 일밖에 없다.

같은 사무실에서 일하고 있어도 직장인들이 받는 월급과 혜택은 경력, 서열, 연차 등에 따라 천차만별이다. 직장동료들끼리 다른 동료들의 월급을 서로 모르고 일할 수 있어 정말 다행이다. 만약 누가 연봉을 얼마나 받고 어떤 혜택을 받고 있는지, 누가 연봉이 얼마나 올랐는지 등을 낱낱이 안다면, 어느 누구도 기분 나쁘고 속상해서 회사생활을 할 수 없을 것이다. 사람의 욕심은 끝이 없고 언제나 남의 떡은 더 커 보이게 마련이다. 특히 내가 지금 처한 상황이 만족스럽지 않거나 불안할수록 괜히 남들과 자주 비교하게 된다. 누가 얼마나 빨리 승진하고 얼마나 많은 연봉을 받는지는 내 인생과 전혀 상관이 없는데 말이다.

회사 다니면서 정말 유념해야 할 사항은 **내가 어떤 상황에 처해 있어도 남들과 나를 절대 비교하지 않는 것**이다. 남들과의 비교는 나를 더욱 불안하고 초조하게 만들 뿐만 아니라 자신감마저 떨어뜨린다. 일하다 어느 순간 남들과 비교하려는 생각이 스멀스멀 들기 시작하면, 단호하게 그 생각의 고리를 끊어버려라. 한가하게 남들과 비교할 시간에 오히려 지금 하는 일에 더욱 집중하고 스스로의 역량개발에 투자해야 한다. 일 잘하는 사람이 되기 위해서는 가장 먼저 나를 잘 파악하고 있어야 한다. 나의 강점과 약점은 무엇인지, 일을 지금보다 잘하기 위해서 어떤 역량을 발전시켜야 하는지를 끝없이 모색해야 한다. 남들과는 상관없이 나의 강점을 발휘해서 나만의 방식으로 일하는 것이 무엇보다 중요하기 때문이다.

우리가 직장생활에서 유일하게 비교할 수 있는 대상은 오로지 나 자신밖에 없다. 어제 내가 잘했던 일이라면 오늘 내가 더욱 잘할 수 있도록 노력하고, 어제 내가 했던 실수라면 오늘 같은 실수를 반복하지 않도록 하는 것이 중요하다. 헤르만 헤세는 말했다. "중요한 일은 다만 자기에게 지금 부여된 길을 한결같이 똑바로 나아가고, 그

것을 다른 사람들의 길과 비교하지 않는 것이다."라고. 성공적인 직장생활의 핵심은 바로 남보다 나은 내가 아니라 어제의 나보다 나은 내가 되어, 계속 발전하고 성장하는 자신의 모습을 찾는 것에 있다.

 프로를 위한 팁

남과의 비교로 얻을 건 아무것도 없다.
남과 비교하려는 마음이 들면 이렇게 생각하기

❶ 남과 비교하면 우울하고 자신감마저 떨어진다. 무엇이든지간에 일하면서 남들과의 비교는 절대 금물이다.

❷ 오로지 어제의 나와 비교해라. 어제보다는 조금 나은 오늘을 살기 위해 비교할 상대는 오직 어제의 나뿐이다.

평일은 회사생활을 하고, 공휴일과 주말에 동네 근처 카페를 찾아 원고를 쓴 지도 이제 11개월이 넘어간다. 직장후배들과 멘토링을 하면서 느꼈던 나의 직장 이야기를 책으로 쓰고 싶다는 생각이 처음 들었을 때, 나는 바로 글이 술술 나올 줄 알았다. 나름 글쓰기라면 누구보다 잘할 수 있다고 자부했기 때문이다. 하지만 막상 책 쓰기를 시작해보니 내가 얼마나 오만방자 했는지를 깨달았다. 또한 이 일을 괜히 시작했구나 하는 후회감과 두려움이 밀려들었다.

글쓰기와 책 쓰기는 엄연히 다른 작업이었다. 책 쓰기는 외롭고 힘든 작업이다. 원고를 쓸 때마다 머릿속에 가득한 생각들을 어떻게 글로 시작해야 할지 막막했다. 어떤 날은 한 시간 이상을 노트북 빈 화면의 깜빡이는 커서를 지켜보며 망연자실하게 앉아있기도 했다. 이렇게 첫 몇 달을 고군분투하다 보니 몸에 무리가 왔다. 입을 벌릴 수가 없었던 것이다. 몇 시간을 계속 입을 앙다물고 글을 쓰다 보니 턱 근육에 무리가 온 것이다. 회사일을 병행하면서 책 쓰는 것 자체가 내 딴에는 엄청난 스트레스였다. 이렇게 갑자기 몸이 아프니 책 쓰는 작업이 더욱 힘들고 고될 수밖에 없었다. 나는 비록 초보 작가지만 이 책을 쓰면서 작가라는 직업은 천성적으로 성격이 괴팍해질 수밖에 없겠구나 하는 생각이 막연히 들었다. 그만큼 책 쓰기는 어렵고 고된 작업의 연속이었다. 이 자리를 빌어 이 시대 모든 작가들에게 경의를 표하고 싶다.

이 책을 쓰면서 나는 지난 25년의 직장생활을 수없이 되돌아보았다. 그 시간들은 평범한 일상의 연속이었지만 매 순간 치열했다. 직장을 다니면서 지금은 대학생이 된 딸, 아들을 키우던 옛 시절을 생각하면, 힘들었던 순간도 많았지만 아이들이 커가는 모습을 지켜보던 즐거운 기억도 가득하다. 저녁 늦게 퇴근해 현관문을 여니 초등학교 1학년 아들의 100점 시험지가 문 앞에 놓여 있을 때가 기억난다. 어린 마음에 얼마나 엄마에게 자랑하고 싶었을까? 어떤 날은 회사사람들에게 너무 시달려 퇴근해 남편의 얼굴을 보자마자 눈물을 터뜨렸던 기억도 있다. 또한 회사일로 바쁜 딸을 대신해 언제나 집안일은 친정 엄마의 차지였다. 가족들의 도움이 있었기에 이렇게 25년 넘게 직장생활을 할 수 있었다.

또한 이 책을 쓰면서 많은 직장선후배, 동료들을 떠올렸다. 그들과 함께 일하는 매 순간은 즐겁기도 힘들기도 했지만, 돌이켜 생각해보면 그런 시간들을 통해 많이 배우고 성장할 수 있었다. 이 책을 쓰면서 지난 25년의 직장생활에서 겪었던 많은 일들과 생각들을 정리할 수 있었다. 마치 시험 전 모범 답안을 깔끔하게 정리한 것처럼 말이다. 하지만 카페에서 책을 쓰면서 혼자 웃고 울고 하느라 내 옆자리에 앉은 분들은 많이 괴로웠을 것이다. 아침부터 어떤 미친 언니 하나가 내 옆에 앉아있구나 하며 두려움에 떨었을 분들에게 이 자리를 빌어 심심한 위로의 말을 전한다.

이 책을 쓰면서 고마운 사람들이 너무 많다. 하늘에 계신 아빠가 가장 먼저 생각난다. 해외출장 다녀오느라 아빠의 마지막 임종마저 지키지 못했다. 아빠는 언제나 나의 든든한 지원군이셨다. 병상에서 환히 웃으시며 출장 잘 다녀오라고 하시던 아빠의 마지막 모습이 아직도 눈에 선하다. 지금까지도 바쁜 딸을 대신해 집안일을 돌봐주시는 엄마에게도 감사의 말을 전하고 싶다. 평생 애교 한번 부리지 못하는 무뚝뚝한 딸을 살뜰히 챙기시는 엄마 덕분에 집안일 걱정 안 하고 열심히 회사생활을 할 수 있었다. 일하는 배우자를 만나 살림과 육아를 함께해온 내 삶의 든든한 동반자 남편 오성택, 바쁜 엄마 때문에 스스로 알아서 학교 일을 챙겨야 했던 딸 오시연, 아들 오진우, 갓난쟁이 아이들을 키워주셨던 양막례 아주머니에게 감사의 말을 전하고 싶다. 또한 지난 20년 넘게 나의 곁을 지켜준 나의 찐 친구들 - 남호금, 명현화, 김상원, 박경미, 박지은, 윤순정, 오인희, 안서경에게도 고맙다는 말을 전하고 싶다. 끝으로 이 책이 나오기까지 많은 도움을 주신 출판사 양원근 대표님, 윤옥초 대표님, 정현미 대표님, 김태윤 편집팀장님에게도 감사한 마음을 전한다.

마지막으로 평범한 직장인의 이야기를 끝까지 읽어주신 독자분들에게 무한한 감사의 말을 전한다. 매번 원고를 쓸 때마다 지극히 평범한 나의 직장 이야기가 과연 사람들에게 도움이 될까 걱정도 많았다. 하지만 멘토링을 하면서 접한 후배들의 실제 고민 사례를 통해 생각을 바꾸는 차이만으로도 많은 문제들을 해결할 수 있다는 사실만큼은 명심해주셨으면 한다. 내가 지난 25년 간 이 길을 걸어오면서 평범하지만 기본의 힘만으로 성공적인 직장생활을 하고 있으니 말이다.

끝으로 팀 페리스의 저서 《타이탄의 도구들》에 소개된 작가 파울로 코엘료의 인터뷰 글로 마지막 인사를 드리고 싶다. 코엘료는 "글쓰기는 지성과 교양을 드러내기 위함이 아닙니다. 글쓰기는 내 가슴과 영혼을 보여주면서 독자들에게 이렇게 말해주는 것입니다. 당신은 혼자가 아니예요!"라고 말했다. 직장생활의 여러 문제들로 고민하는 독자 분들에게도 같은 말을 전하고 싶다. 당신은 혼자가 아니라고….

상위 1%가 되는
직장인의 생각법칙

초판 1쇄 인쇄 _ 2023년 4월 15일
초판 1쇄 발행 _ 2023년 4월 20일

지은이 _ 전민아

펴낸곳 _ 바이북스
펴낸이 _ 윤옥초
책임 편집 _ 김태윤
책임 디자인 _ 이민영

ISBN _ 979-11-5877-340-3 03190

등록 _ 2005. 7. 12 | 제 313-2005-000148호

서울시 영등포구 선유로49길 23 아이에스비즈타워2차 1005호
편집 02)333-0812 | **마케팅** 02)333-9918 | **팩스** 02)333-9960
이메일 bybooks85@gmail.com
블로그 https://blog.naver.com/bybooks85

책값은 뒤표지에 있습니다.

책으로 아름다운 세상을 만듭니다. ― 바이북스

미래를 함께 꿈꿀 작가님의 참신한 아이디어나 원고를 기다립니다.
이메일로 접수한 원고는 검토 후 연락드리겠습니다.